【新版】

葬儀・法要のあいさつ

すぐに使える**実例**付き

藤村英和

西東社

【目次】

あいさつをする人
故人

第二章 会葬者のあいさつ 121

本書の使い方

葬儀でのあいさつは、十分な準備期間があるわけではないので、できるだけスピーディーにあいさつ文を作らなければなりません。そこで、本書は例文の引きやすさを重視し、第一章は「喪家のあいさつ」、第二章は「会葬者のあいさつ」と分け、さらに葬儀の流れに沿って文例を並べました。

また、8～12ページには、葬儀の流れと必要なあいさつを一覧にまとめています。本書での掲載ページも載せていますので、あわせて活用してください。

かけがえのない人を失った悲しみは筆舌に尽くせないものです。故人をしのび、また集まった人々の心に残るあいさつを考えるうえで、少しでも本書がお役に立てれば幸いです。

1 まず、あいさつについて理解する

「あいさつの心得」では、あいさつをするときの心構えや必要な準備について、「あいさつの構成」では、あいさつ文の内容と組み立て方がわかります。

2 実際のあいさつを手本にしながら、あいさつ文を作る

一般的なあいさつを参考に、あいさつ文の組み立て方やポイントを学びます。心に残るあいさつに仕上げるためのヒントも得られます。

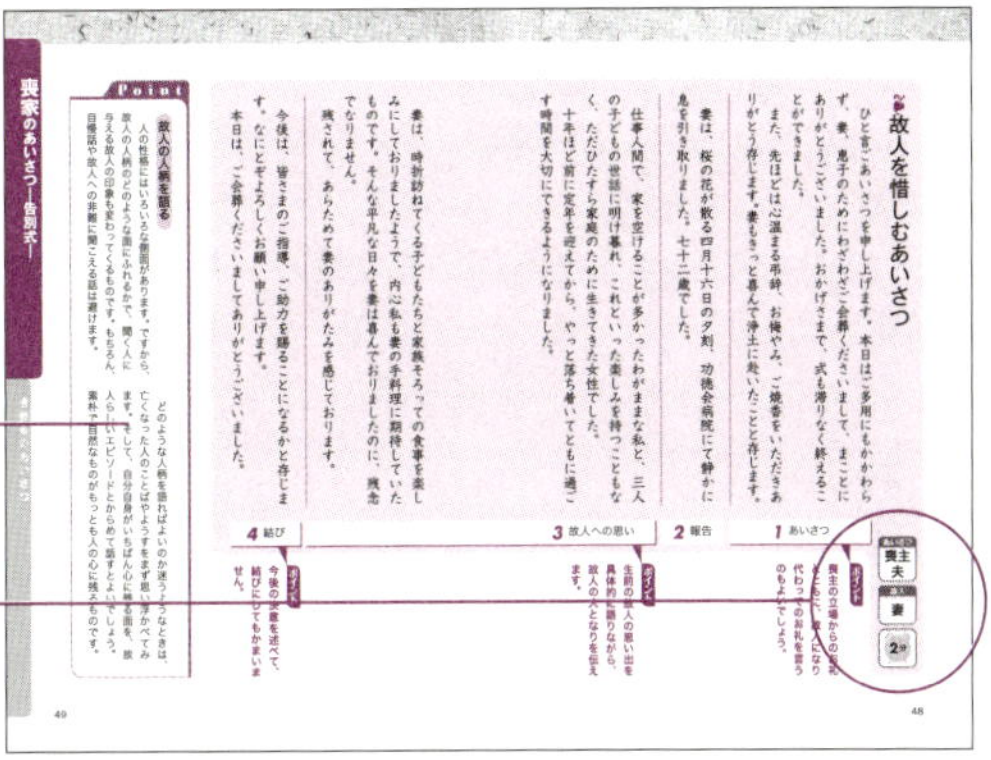
故人を惜しむあいさつ

あいさつする人 喪主 夫
故人 妻
2分

ひと言ごあいさつを申し上げます。本日はご多用にもかかわらず、妻、恵子のためにわざわざご会葬くださいまして、まことにありがとうございました。おかげさまで、式も滞りなく終えることができました。

また、先ほどは心温まる弔辞、お悔やみ、ご焼香をいただきありがとう存じます。妻もきっと喜んで浄土に赴いたことと存じます。

1 あいさつ
ポイント 喪主の立場からのお礼とともに、故人になり代わってのお礼を言うのもよいでしょう。

妻は、桜の花が散る四月十六日の夕刻、功徳会病院にて静かに息を引き取りました。七十二歳でした。

2 報告

仕事人間で、家を空けることが多かったわがままな私と、三人の子どもの世話に明け暮れ、これといった楽しみを持つこともなく、ただひたすら家庭のために生きてきた女性でした。

十年ほど前に定年を迎えてから、やっと落ち着いてともに過ごす時間を大切にできるようになりました。

妻は、時折訪ねてくる子どもたちと家族そろっての食事を楽しみにしておりましたようで、内心私も妻の手料理に期待していたものです。そんな平凡な日々を妻は喜んでおりましたのに、残念でなりません。

残されて、あらためて妻のありがたみを感じております。

3 故人への思い
ポイント 生前の故人の思い出を具体的に語りながら、故人の人となりを伝えます。

今後は、皆さまのご指導、ご助力を賜ることになるかと存じます。なにとぞよろしくお願い申し上げます。

本日は、ご会葬くださいましてありがとうございました。

4 結び
ポイント 今後の支援を述べて、結びにしてもかまいません。

喪家のあいさつ―告別式―

Point
故人の人柄を語る

人の性格にはいろいろな側面があります。ですから、故人の人柄のどのような面にふれるかで、聞く人に与える故人の印象も変わってくるものです。もちろん、自慢話や故人への非難に聞こえる話は避けます。

どのような人柄を語ればよいのか迷うようなときは、亡くなった人のことばやようすをまず思い浮かべてみます。そして、自分自身がいちばん心に残る面を、故人らしいエピソードとからめて話すとよいでしょう。素朴で自然なものがもっとも人の心に残るものです。

49 48

●葬儀やあいさつで役立つコラム

●「あいさつをする人」「故人」「所要時間」を見やすく表示

3 自分の状況に合ったあいさつを選び、参考にする

あいさつの実例は、さまざまな状況を想定した内容となっています。自分の立場や状況に合ったものを選び、あいさつ文を作るうえで活用してください。

◉仏式—臨終から葬儀・法要までの流れ—

日本では仏教による葬儀が一般的です。
仏教において葬儀は、死者を送るための儀式と考えられています。

喪家《そうか》（遺族）側のあいさつ

◆医師・看護師へあいさつするとき　「大変お世話になりました。皆さまには最期まで手厚い看護をいただき、ありがとうございました」

◆会社（上司）へ連絡するとき　「販売一課の吉田です。実は母が昨日亡くなりました。お通夜は明日午後七時より、告別式は明後日午後一時より執り行う予定です。申し訳ありませんが、本日より一週間ほど休みを取らせていただきたいと存じます。販売一課の皆さまによろしくお伝えください」

◆学校へ　「二年四組の里中あやかの父でございます。本日午後二時十一分、あやかが亡くなりました。お通夜は明日午後七時から、葬儀は明後日午後一時より自宅にて執り行います。なにとぞよろしくお取り計らいください」

◆故人の知人へ　「夜分に申し訳ございません。私は金子義之の長女の真弓と申します。実は父が本日

葬儀・法要の流れ

●臨終
末期《まつご》の水
※肉親が筆先にガーゼを巻き、水を染み込ませ死者の唇をぬらす。
湯灌《ゆかん》
※死者の体をアルコールや水で清める。
死に化粧／死に装束
枕飾り

●死亡連絡　※臨終を知らせる範囲は、家族、血筋の濃い親族、親しい友人や知人、勤務先、学校など。

→弔問客へのあいさつ P16〜21

●枕経

●納棺

→お悔やみのことば P126〜130

会葬者側のあいさつ

◆死亡連絡を受けたら
「ご愁傷さまです。これから連絡をお回しいたします」

午後八時五分、肝不全のため他界いたしました。通夜は明日午後五時より、葬儀は明後日午前十一時より、寺内町の清円寺より執り行います。大変申し訳ございませんが、ご友人の皆さまにお伝えくださいますようお願い申し上げます」

◆近所へ連絡するとき　「本日、○○が死去いたしました。ここ数日は人の出入りなどで何かとご迷惑をおかけいたしますが、よろしくお願いいたします」

◆僧侶へ依頼をするとき　「お世話になっております。山崎町の河田でございます。本日、早朝に○○が他界しました。午後○時には自宅に連れて参りますので、枕経《まくらぎょう》をお願いいたしたいと思います。どうかよろしくお願いいたします」

◆僧侶が到着したとき　「お忙しい中、さっそくご足労いただきまして、ありがとうございます。なにぶん不慣れでございますので、ご指導いただきますようお願いいたします」

◆弔辞を依頼するとき　「弔辞をお願いいたします。故人の経歴はこちらです。長さの目安は三分ほどでお願いします」

P26〜36

通夜ぶるまいのお開きのあいさつ P37

P42〜51、P54〜60、P62〜65

●通夜

遺族・親族・参列者入場
僧侶入場／読経／焼香
僧侶説法／僧侶退場
喪主(喪主代理)のあいさつ

●通夜ぶるまい

●葬儀

遺族・親族・参列者入場
僧侶入場／開式の辞
読経／弔辞
弔電拝読
焼香／僧侶説法
僧侶退場
喪主(喪主代理)のあいさつ／閉式の辞

※葬儀・告別式が続けて行われるときは省略する。

P136〜145

P131

◆弔辞の依頼を受けたら　「お受けいたします。なにかご要望がございましたら教えてください」

◆供物《くもつ》・供花《きょうか》を供えるとき　「花輪をお供えしたいと思っております。よろしいでしょうか」

◉仏式

●告別式
僧侶入場／開式の辞／読経
一般会葬者焼香／僧侶退場
喪主（喪主代理）のあいさつ → P42～51、P54～60、P62～65
※省略して、出棺の際にあいさつすることも多い。
閉式の辞

●出棺
最期の対面／釘打ち
出棺／出棺のあいさつ → P52～53、P61
※告別式であいさつをしないときは、出棺のときにあいさつを行う。

●火葬
納めの式／骨《こつ》上《あ》げ

●遺骨迎え

●精進落とし → 精進落としを設けないときのあいさつ　P71
始めのあいさつ → P68～70、P72～73
お開きのあいさつ → P74～75

●初七日法要 → P84～87、葬儀後　お礼のあいさつ　P78～81

●四十九日法要 → P88～91

●年忌法要 → P92～97

◆法要に招かれたとき
「本日は、お招きいただき、恐れ入ります。ご供養させていただきます」
四十九日法要 → P152
年忌法要 → P153～155

キリスト教式葬儀の流れ

キリスト教では、死者は死後、キリストのもとに召され、永遠の魂が宿ることになっています。そのため葬儀では、死者の霊魂が神に受け入れられ、神の祝福が受けられるように祈ります。

プロテスタント

- **葬儀ミサ**
  着席／開式の辞／聖書朗読／賛美歌合唱
  祈祷／故人の略歴紹介／説教／賛美歌合唱／弔辞／弔電紹介
  賛美歌合唱／祈祷／後奏
  喪主(喪主代理)のあいさつ
  献花／閉式の辞
- **出棺**
- **火葬前式**

カトリック

- **ミサ聖祭式**
  祈祷／聖書朗読／説教
- **赦祷《しゃとう》式**
  祈祷／説教／聖歌合唱／撒水《さんすい》・撒香／祈祷／
  賛美歌合唱
- **告別式**
  賛美歌合唱／故人の略歴紹介／弔辞／弔電紹介
  喪主(喪主代理)のあいさつ
  献花／賛美歌合唱
- **火葬式**

喪主(喪主代理)のあいさつ → P100

葬儀後のお礼のあいさつ
神父・牧師へ
P102

神式葬儀の流れ

神道では、人は死後、子孫を見守る霊となると考えられています。神式での葬儀は「神葬祭」と呼ばれ、死者の霊魂を慰め、その家の氏神として祭り、その家を守ってくれるよう祈る儀式です。

- **葬場祭**
  神官入場／開式の辞
  修祓《しゅばつ》の儀／拝礼／献饌《けんせん》・奉幣《ほうへい》
  祭詞奏上《そうじょう》
  しのび詞《ことば》奏上
  弔辞／弔電紹介
  玉串奉奠《たまぐしほうてん》／徹饌《てっせん》・徹幣《てっぺい》
  神官退場
  喪主(喪主代理)のあいさつ
  閉式の辞
- **出棺祭**
- **後祓《あとばらい》の儀**
- **火葬祭**
- **骨上げ**

喪主(喪主代理)のあいさつ → P101

葬儀後のお礼のあいさつ
神官へ　P102

◉社葬・団体葬の流れ

●**葬儀**
葬儀委員長・喪主入場
来賓入場
僧侶入場
開式の辞
読経
弔辞
弔電紹介
焼香
僧侶退場
葬儀委員長のあいさつ
閉式の辞

●**告別式**
開式の辞
一般会葬者焼香
喪主(喪主代理)のあいさつ
閉式の辞
遺骨帰邸

通夜での葬儀委員長のあいさつ P106〜109
弔辞 P146〜149
葬儀委員長のあいさつ P110〜111
喪主(喪主代理)のあいさつ P112〜113
追悼会・慰霊祭 主催者と遺族のあいさつ P116〜119

役立つ 葬儀メモ

◉忌みことば

弔事の際のことばづかいには「忌みことば」があり、使用を避けるほうがよいといわれています。「不幸が重なる」ことを連想させるようなことばを避けるという心理からでたものです。

しかし、人の死をあるがままに受け入れるなら、それほど気にする必要はありません。むしろ変に気にするあまり、不自然なあいさつにならないようにしたいものです。

常識として、次のような「忌みことば」は避けたほうが無難でしょう。

重ねて／重ね重ね／またまた／再び／再三再四／返す返す／続いて／繰り返す

◉故人の呼び方

弔事の際の故人の呼び方には、いくつかのパターンがあります。

●**肩書きを付けず氏名のみで呼ぶ**

もっとも一般的な呼び方です。

▶故○○様（さん、殿、氏）

▶故○○君

▶故○○先生

●**氏名の前に生前最後の肩書きを付ける**

▶○○会社社長 故○○様(殿、氏)

▶○○学園校長 故○○先生

●**位階、名誉称号などを付ける**

葬儀の規模、格式を考え、故人や遺族の意向も考慮したほうがよいでしょう。

▶○○名誉市民勲八等 ○○会社社長○○様

第一章

喪家のあいさつ

- お悔やみの返礼
- 通夜
- 告別式
- 精進落とし
- 葬儀後
- 法要
- キリスト教式・神式
- 社葬・団体葬
- 追悼会・慰霊祭

お悔やみの返礼

弔問受付での心得

人が亡くなった当日の夜は、近親者だけで過ごす仮通夜が行われます。仮通夜には親戚だけでなく、特に親しかった方々も訃報を聞いて駆けつけてくれるのですから、喪家《そうか》（遺族）側は慌ただしい中でも、誠意を持って弔問客を出迎えるように心がけます。

一方、本通夜の場合は受付が設けられ、そこで係の者がまず弔問客の応対をします。受付には香典帳、供物《くもつ》帳、会葬者芳名《ほうめい》帳をはじめ、筆記用具や名刺受けなどを用意します。そして、**弔問客の持参した香典や供物を預かり、しっかり記録を付けます。**また、**会葬者芳名帳に記帳していただくようお願いします。**

弔問客から香典や供物を受け取った場合は、「ごていねいに恐れ入ります。こちらにご記帳をお願いいたします」などと、ていねいに、しかも簡潔なあいさつを心がけます。

返礼の心得

最愛の家族、親族を失った遺族にとって、残酷な現実を受け入れることはこの上なく悲しいものです。しかし、どんなにつらくても感情をそのまま人にぶつけていいというわけではありません。お悔やみに足を運んでくれる人は、突然の出来事にもかかわらず、万障繰り合わせて弔問に駆けつけてくれるのですから、まずそのことに素直に感謝しなければいけません。

弔問客に相対するときは、あくまでも感情におぼれることなく、ていねいに落ち着いて応対するように努めましょう。まずは**礼儀正しく、簡潔なことばでゆっくりと弔問に対するお礼を述べます。**本書例文の「」のところで息つぎをするような気持ちで話すとよいでしょう。また、故人とその弔問客との間柄を心得ている場合は、返礼の内容もそれぞれの方に合わせるのがベストです。

しかし、**どうしてもつらいときは、おじぎだけでもかまいません。**また、このような場合は、無理にこちらから話しかけるようなことはせず、あくまで受け身で話すようにするとよいでしょう。

弔問客が退席するときに、喪主や遺族はそのつど、玄関までは見送る必要はありません。弔問を受けるのは、故人であり、遺族はあくまでその代理人であることを忘れないでください。

返礼の構成

駆けつけてくれたことに感謝
●多忙の中を駆けつけてくれたことに感謝の意を述べます。

亡くなったときの状況
●故人と弔問客との関係によって、伝え方を変えたほうがよいでしょう。
（近しい人には、なるべく詳しく伝えます）
●悲しみが深いときには、必ずしも必要なものではありません。
●死因については、生々しい表現は避け、さりげなく表現します。

生前の厚誼《こうぎ》に対する感謝
●生前の厚誼に対するお礼とお見舞いへの感謝を述べます。
●弔問への返礼では、長話は禁物ですので、手短にしましょう。

故人との面会
●故人と親しかった人やお世話になった人には、故人との面会を勧めます。

弔問客へのあいさつ

一般的なお悔やみの返礼

手短なあいさつ

●さっそくのお悔やみ、恐れ入ります。

お礼を込めたあいさつ

●お忙しいところ、お越しいただき、ありがとうございます。故人に代わりまして、厚くお礼申し上げます。

●ご多用の中、お運びいただきまして恐縮です。松池の生前にはひとかたならぬお世話になりました。故人に代わり、お礼申し上げます。

●早々にお悔やみをいただきまして、恐れ入ります。山岡さまには故人が生前、大変ご懇意にしていただきました。厚くお礼申し上げます。よろしければ、安らかな最後の姿を見てやってくださいませ。

故人の死にふれたあいさつ

●さっそくのお悔やみありがとうございます。長い闘病でした。つら

◆悲しみに取り乱しそうなときは心を込めたおじぎだけでもかまいません。

◆落ち着いた静かな口調を心がけて、あいさつしましょう。

◆故人の知人にあいさつするときは、故人との関係を考えて、適切な応対を心がけます。

◆生々しい表現は避けます。

かったでしょうが、これで妻も楽になったと思います。

自分の知り合いに対するあいさつ

●はるばる遠方よりお寒い中お運びいただきまして、痛み入ります。田中さまのお顔を拝見し、私も少し気持ちが落ち着きました。

仕事関係者に対するお悔やみの返礼

お礼を込めたあいさつ

●ごていねいなお悔やみ、恐れ入ります。主人は仕事のことを大変気にしておりました。心残りだったと思います。皆さまには生前よくしていただきまして、ありがとうございました。

遺志を継ぐ決意を込めたあいさつ

●お忙しい中、お運びいただき痛み入ります。父の生前には格別のご厚情をいただきありがとうございます。若輩の身ではありますが、

◆生前、故人とは付き合いがなくても、自分との関係で駆けつけてくれた人には、その心づかいに対し感謝のことばを伝えるようにします。

◆生前の引き立てに対して、丁重にお礼を述べます。

◆取引先からの弔問への返礼には、家業をもり立てる意志の表明を折り込むと、今後の信頼感が増すでしょう。

父の遺志を継いで懸命に努める所存ですので、なにとぞお引き立てのほどお願い申し上げます。

不備をわびるあいさつ

●さっそくのお悔やみ恐れ入ります。つい昨日までは元気だったのに、このようなことになるとは……。なにぶん取り乱しておりますので、行き届かないこともあるかと思いますが、お許しください。

親族に対するお悔やみの返礼

最期のようすにふれたあいさつ

●本日はお忙しい中、遠いところありがとうございます。まだまだ長生きできると思っていましたが、残念です。ただ、安らかな最期であったことがせめてもの慰めでございます。

●ご焼香いただき、ありがとうございます。昨年末から、病状が不安定になりました。覚悟はしていたつもりですが、今はただ現実を受

◆ややあらたまって非礼をわびる場合、「不行き届きの段、なにとぞご容赦お願い申し上げます」などと言います。

◆付き合いの程度によっては、病状、臨終のようすなどを詳しく知らせます。

◆事故死、急死などの場合、つらすぎて口に出せないときは、無理に話す必要はありません。

け止めるのに精いっぱいというのが正直なところでございます。

故人との対面を勧めるあいさつ

●ご遠方よりお越しいただきましてありがとうございます。父もがんばりましたが、残念です。最期が安らかだったのがせめてもの救いです。ぜひ、会ってやってください。

●お忙しいところ早々にごていねいなお悔やみ、ありがとうございます。本人もお会いしたかったと思います。よろしければ、ひと目だけでも会ってやってください。

故人の友人に対するお悔やみの返礼

お礼を込めたあいさつ

●遠いところお運びいただきまして恐れ入ります。長い闘病生活でしたが、これで故人も楽になったと思います。生前は何度も励ましのお手紙をいただき、ありがとうございました。

◆どんなに親しい場合でも、弔問客から対面を申し出ることはありません。喪主は、相手の気持ちを察しながら、対面を勧めます。

◆故人の友人に対しての返礼では、死の少し前からのようすを交えながら、長年の友情に感謝して話すと気持ちが伝わります。

子どもを亡くした場合のお悔やみの返礼

●生前は智也と仲良くしていただき、ありがとうございました。短い間でしたが、よいお友達に恵まれ、智也は幸せだったと思います。心より感謝いたします。

手伝いを申し出られた場合のお悔やみの返礼

手伝いをお願いするあいさつ

●ご親切なおことば、恐れ入ります。私の家族だけでは心もとなく思っておりましたので、おことばに甘えさせていただきます。どうぞよろしくお願いいたします。

●ありがとうございます。そうおっしゃっていただくと大変助かります。どうぞよろしくお願いいたします。ただ私も動転しておりますので、何をどうお手伝いしていただいたらよいのか判断いたしかねる状態です。申し訳ございませんが、世話役の小早川さまにお尋ねください。

◆逆縁の悲しみは、弔問の人にも十分くみ取れるところですから、無理にことばを尽くそうとする必要はありません。生前の厚誼《こうぎ》への感謝を、心を込めて伝えましょう。

◆大きな通夜の席では混乱することもあるので、手伝いの申し出を受ける場合、感謝のことばとともに世話役代表の人の名前を告げて、指揮系統を明らかにしておく配慮が必要です。

手伝いを辞退するあいさつ

●お気づかい、痛み入ります。ただ、通夜も葬儀も斎場にて行いますので、大丈夫かと存じます。お心づかいありがとうございます。

●恐れ入ります。でも、手伝いの方が大勢来てくださっておりますので、なんとかなりそうです。お気持ち、感謝いたします。

世話役が代わって応対する場合のお悔やみの返礼

●ご多忙の中をさっそくお運びいただき、痛み入ります。遺族になり代わり、お礼申し上げます。（名刺を差し出されたら）山田さまでいらっしゃいますね。確かにお預かりいたします。

●お足もとの悪い中、ご足労いただき感謝いたします。あいにく遺族は火葬場の方に出向いております。どうぞあちらでお待ちください。

◆手伝いを辞退する場合も感謝のことばは必ず添えます。

◆世話役が遺族に代わって応対する場合には、喪家側に立って弔問を受けるのですから、遺族に敬語を使わないよう注意しましょう。

通夜でのあいさつ

通夜とは

通夜は本来、亡くなった人を葬る前に、遺族や親族、知人などが集まって遺体のそばで夜通し死者を守るものでした。ところが、**忙しい現代では半通夜といって僧侶を呼んで読経、焼香をあげ二時間ほどで終えるという、葬儀に準じるものとなってきました。**ただし、弔問客が帰った後も、遺族や親族が夜通し交代で遺体を守る習慣は残っています。

また古くには、葬儀が行われる以前の夜をすべて通夜と呼んでいました。ところが、通夜が儀式化してきたため、一般の弔問客を受け付ける通夜を「本通夜」、本通夜より前の遺族や親族だけで行う通夜を「仮通夜」と呼び、区別するようになってきました。

通夜の式次第は、地域や通夜を執り行う斎場によってさまざまです。そして、多忙な人が多い現代では、葬儀・告別式よりもむしろ仕事を終えてからも行くことのできる通夜に出席する場合が増えてきています。

通夜の儀式を終えると、多忙の中、駆けつけてくれた人々をねぎらうために通夜ぶるまいの席を設けるのが一般的ですが、喪家《そうか》の都合や遠方からの出席者が多いときなどは、通夜ぶるまいの代わりに通夜返しを渡します。従来はお酒やお茶などでしたが、最近ではビール券や商品券などを用意するケースも増えてきました。

あいさつの心得

通夜での喪主・喪家のあいさつは、まだ気が動転していることもあり、**告別式のようにあらたまったものでなくてもかまいません。**

とはいっても、ただ嘆き悲しんでばかりいる内容では弔問客に対して失礼ですから、なるべくしんみりしないような構成を心がけます。難しいことばや、無理に使い慣れない話し方をする必要はありません。落ち着いてゆっくりと、弔問客に話しかけるような気持ちで、あいさつしましょう。

あいさつは通夜の儀式をひととおり終えた段階か、通夜ぶるまいの前に行われるのが一般的です。喪主があいさつに立ちますが、代わりに親族代表や世話役がする場合もあります。また、喪主が通夜ぶるまいの前にあいさつをし、閉めのあいさつに世話役が立つ場合もあります。

最近の都会の通夜では、最初から最後まで通夜に参列しているのは喪主とごく限られた親族や、故人と特に親しかった人たちで、一般の弔問客は通夜が執り行われている間に弔問を済ませて帰るというのが一般的になっています。特に斎場を借りて行う通夜は、ほとんどがこれにあたります。

このようなときは、**喪主は会釈で弔問客にあいさつをするだけで、あらたまったスピーチ形式のあいさつをしないことが多いようです。**

その際の一般弔問客に対する通夜ぶるまいへのお誘いは、葬儀を取りしきっている葬儀社の人や世話役などが、帰る際にさりげなく「お清めの席を用意してございますので、どうぞ」などと声をかけるようにします。

ただし、通夜が終わったところで、親族や近しい方々には、参列へのお礼とともに直接、通夜ぶるまいにお誘いするようにします。

通夜ぶるまいのお開きのあいさつ

自宅で通夜を行う場合は、**あらかじめ、お開きの時間を決め、時間になったら長引かせないように、お開きのあいさつをしましょう。**あいさつは次のような手短なものでかまいません。

「皆さま、本日は、父のためにお集まりいただきまして、ありがとうございました。おかげさまをもちまして、通夜の儀式も無事滞りなく済ませることができました。

話は尽きませんが、だいぶ夜も更けて参りました。このあたりで、そろそろお開きにさせていただきたいと存じます。後は家族で故人を守ります。どうぞお足もとにお気を付けて、お帰りくださいませ。

なお、葬儀・告別式は明日、午前十時半より当所にて執り行います。ご都合がよろしければ、見送っていただきたいと存じます。

本日は、まことにありがとうございました」

ポイント

■簡潔なあいさつを心がけます。ただし、最近は通夜のみに出席し、葬儀には参列しない場合も増えているので、弔問のお礼など必要な事項は漏らさず述べましょう。弔問のお礼には「ご多忙の中」「あいにくの雪の中」といった謝意を表すことばを添えるとよいでしょう。

■取り込んでいて慌ただしいことも多いのですが、せかせかせず、落ち着いてあいさつを述べるようにします。数字はゆっくり言う、平易なことばに言い換えるなどの点にも留意してください。

■故人の死因や最期のようす、生前のエピソードなどにふれるのが普通ですが、つらすぎて話したくない場合は、省略してもかまいません。

■通夜ぶるまいの用意がある場合はそのことを伝えます。通夜ぶるまいに出席しない人が多そうなときや、知らせが徹底していない恐れがあるときは、このときに葬儀・告別式の案内を入れます。

あいさつの構成

喪主の場合

集まっていただいたことへの感謝

- 都合をつけて通夜に駆けつけてくださったことへの感謝を述べます。

故人の最期のようす

- 生々しい事柄や表現は避けます。
- つらい場合は、死因などについて必ずしも話す必要はありません。

生前の厚誼《こうぎ》に対するお礼

- これまでお世話になったことへのお礼のことばを入れます。

通夜ぶるまいへのお誘い

- 通夜ぶるまいの席を設けている場合は、その旨を伝え、お誘いします。

告別式の案内

- 告別式の日取りの案内と、参列のお願いをします。

喪主代理の場合

あいさつ

- 故人との関係と喪主代理であることを伝えます。

集まっていただいたことへの感謝

- 喪主の代理として、感謝の気持ちを述べます。
- 遺族の方へのお悔やみを盛り込みます。

故人の最期のようす

- 手短に報告するようにします。

故人への思いや、生前の厚誼に対するお礼

- 故人と遺族に代わって述べることを意識して、構成しましょう。
- 遺族へのお悔やみを入れてもかまいません。

通夜ぶるまいへのお誘い

- 通夜ぶるまいの席を設けていることを伝えます。

告別式の案内

- 告別式の日時は必ず入れるようにします。

通夜　喪主のあいさつ

一般的なあいさつ

本日はご多用の中、またあいにくの天候にもかかわらず、父、高井洋次郎の通夜にお運びいただきまして、ありがとうございます。父も感謝していることと思います。故人に代わり、厚くお礼申し上げます。

父は、一昨日の午後六時十五分、西都医科大学病院にて、がんのため他界しました。享年七十二歳でした。

人生八十年といわれる時代にあっては、いささか短い気もいたします。しかし、六人の孫にも恵まれ、また自ら告知を受け入れ、がんと真正面から向き合いながらも、大好きだった書道に泰然自若《たいぜんじじゃく》とうちこむ姿は、家族にとっても誇りであり、本人としても満足のいく人生だったのではないかと思います。

1 あいさつ　**2** 報告　**3** 人柄

ポイント　手短にまとめる場合は、死因の報告も簡潔にします。

ポイント　短い中にも、故人の人柄がしのばれることばを盛り込むといいでしょう。

あいさつ：喪主 息子
故人：父
1分50秒

4 今後お願い

ただ覚悟していたとはいえ、残された者としては寂しい気持ちでいっぱいです。これからは兄弟で助け合い、母を支えていきたいと思います。今後とも変わらぬご厚誼《こうぎ》を賜りますよう、よろしくお願いいたします。

5 案内

こよいはあちらに簡単な食事を用意させていただきました。どうぞお時間の許す限り、故人をしのびながら召し上がっていただければと存じます。

なお、告別式は明日午前十時三十分より、当斎場にて執り行います。お時間がございましたら、ぜひご列席いただきたいと存じます。

ポイント

通夜ぶるまいの用意のあるときは、その旨を伝えて締めくくります。

手短なあいさつ

あいさつ
喪主 娘
故人
母
1分10秒

1 あいさつ

あいにくの天候にもかかわらず、母、道代のために多数ご参集いただきありがとうございました。母の生前、皆さまには大変お世話になりましたこと、心よりお礼申し上げます。

2 報告

母は一昨日の明け方、肺炎をこじらせて永眠いたしました。享年八十八歳でした。年に不足はないとはいえ、遺族にとっては、なかなか割り切れないものがございます。家族にみとられ、穏やかな顔で旅立っていったことがせめてもの慰めでしょうか。

ポイント
短いあいさつであっても、死因の報告とともに家族の思いなどをさりげなく付け加えます。

3 案内

本日は、心ばかりではございますが、粗餐《そさん》を用意いたしました。どうぞお時間の許す限り、母の思い出とともにお過ごしください。

4 結び

なお、明日の葬儀・告別式は、午前十時でございます。お忙しいとは存じますが、皆さまにご参集いただければと存じます。本日は、まことにありがとうございました。

通夜ぶるまいをしないときのあいさつ

あいさつ 喪主 息子
故人 母
50秒

1 あいさつ

皆さま、本日はお忙しい中、亡き母のためにお集まりいただきまして、ありがとうございました。故人に代わりまして、厚くお礼申し上げます。

2 おわび

本来ならばお食事を用意し、故人をしのぶ時を過ごすところでございますが、あいにく本日は準備が整っておりません。まことに不行き届きで申し訳ございませんが、なにとぞご容赦くださいますようお願い申し上げます。

3 結び

どうぞ、お足もとにお気を付けになってお帰りください。本日はお運びいただき、ありがとうございました。

ポイント
通夜ぶるまいを行わない場合は、はっきりと簡潔にその旨を述べ、非礼をわびるようにします。理由などをくどくどと説明する必要はありません。

実例1

父親が病死した場合

手短なあいさつ

本日はご多忙の中、またお寒い中をお運びくださいまして、ありがとうございます。父もさぞかし喜んでいることと思います。また、故人の生前はひとかたならぬお世話になりました。父になり代わり、お礼申し上げます。

ささやかですが、別室に粗餐《そさん》を用意してございます。亡き父をしのんで召し上がっていただければ、故人の何よりの供養になると思います。

本日は、まことにありがとうございました。

あいさつ
喪主
息子

故人
父

40秒

実例2

妻に先立たれた場合

死因の報告を兼ねたあいさつ

あいさつ 喪主 夫

故人 妻

1分25秒

本日はお忙しい中、亡き妻、陽子のためにお集まりいただき、ありがとうございます。

まだ、心の整理がつかず、不行き届きのことが多く、皆さまにご迷惑ばかりおかけしております。なにとぞご容赦くださいますようお願い申し上げます。

陽子は一昨日の午後十時十分、三十三歳の短い生涯を終えました。交通事故でした。私は仕事で不在にしておりましたため、最期にそばにいてやることができませんでした。さぞ心細かったのではないかと、心残りでなりません。

しかし、突然のことにもかかわらず、こうして大好きな皆さまにたくさんお集まりいただき、陽子もきっと喜んでいることと思います。

本日は、生前陽子が賜りました、皆さまのご厚情に感謝するつもりで、粗酒粗肴《そしゅそこう》でありますが、食事の用意をさせていただきました。どうぞお時間の許す限り、陽子のそばにいてやってください。ありがとうございました。

実例3

父が病死した場合

故人の人柄にふれたあいさつ

あいさつ 喪主 息子
故人 父
1分20秒

ひと言ごあいさつ申し上げます。私は仲田幸一郎の長男、健史と申します。

本日は、お足もとの悪い中、父のために大勢の方々にお集まりいただきまして、ありがとうございます。

父は山歩きが大好きでした。仲間の方々と山に出かけるときは、十歳以上も若返ったように生き生きと見えたものです。その父の口癖は、「自然のままが一番」でした。病に倒れましてからは、ことばどおり自然のままに病と付き合い、そして、自然の中に帰っていきました。安らかな最期でした。入院中は皆さま方にお見舞いいただいたうえに、温かい励ましのことばまで賜りましたこと、この場をお借りして厚くお礼申し上げます。

あちらに心ばかりのお食事を用意してございます。にぎやかなことが好きだった父です。どうぞお召し上がりになりながら、思い出話などをお聞かせください。

本日は、まことにありがとうございました。

実例4

夫が急逝した場合

急逝の悲しみを訴えるあいさつ

あいさつ 喪主 妻
故人 夫
1分50秒

本日はお足もとの悪い中、このように多数の皆さまにお集まりいただき痛み入ります。夫、河端洋は一昨日の早朝、日課としていたジョギング中に倒れ、そのまま他界いたしました。六十四歳でした。なにぶんにもあまりに突然のことで、最期の別れを言うことすらできず逝かれてしまい、私どもはあきらめきれない気持ちでいっぱいでございます。せめて楽しみにしておりました来月生まれる初孫の姿を見せてやりたかったと、悔いるばかりです。

仕事に没頭するあまり、家庭をほとんど省みない時期もございましたが、その分、定年を迎えてからは、別人のように家族を思いやるよき父、よき夫に変身いたしました。父親に反発ばかりしていた息子も、いつしか父親のひたむきな背中に憧れたのか、同じエンジニアの道を進んでいます。

生前、河端を支え、導いてくださった皆さまに、厚くお礼申し上げます。何も用意できませんでしたが、酒肴《しゅこう》をご用意させていただきました。どうぞお時間の許す限り、河端とともにお過ごしください。本日は、ありがとうございました。

通夜　喪主代理のあいさつ

あいさつの心得

喪主が高齢や心労のため、あいさつすることに耐えられない場合、喪主の代理として親族代表や世話役代表があいさつに立つことがあります。

あいさつは、代理があいさつに立つおわびと自己紹介することを除けば、喪主の場合と同じです。ただし、弔問客からみた場合、親族の代表は故人や遺族の身内となるので、**故人、遺族に対して敬語を使用しない**ように気を付けましょう。

親族代表のあいさつ

あいさつ：喪主代理　義弟
故人：義兄
2分

1 あいさつ

ひと言ごあいさつ申し上げます。本日はご多用の中、かくもたくさんの方々にお集まりいただきまして、まことにありがとうございました。故人も、さぞかし喜んでいることと存じます。

2 自己紹介

私は故人、山田雅也の義弟にあたります、吉岡貴史と申します。あいにく喪主にあたります、故人の妻、山田明美が体調を崩しておりますので、私が代わりにごあいさつさせていただいております。

ポイント
喪主があいさつに立てる状況にないことを説明し、非礼をわびます。

3 報告

山田雅也は一昨日の午後十一時五十二分、急性肝炎のため、県立第一病院にて他界いたしました。享年四十五歳でございました。私も入院するとは聞いておりましたが、まさかこんなことになるとは思いもよりませんでしたので大変驚いております。

4 故人への思い

これから一花も二花も咲かせる働き盛りの年齢です。三人の子どもたちも、上がまだ高校生になったばかりですので、人一倍子煩悩だった故人の心中を思うと、さぞ無念だったことと思われます。今はただ、故人の冥福を祈るばかりです。

ポイント
親族の立場から、故人の在りし日の家庭でのようすを交えて人柄にふれてもよいでしょう。

5 お礼

生前、皆さまよりいただきました温かいお心づかいに、故人になり代わり、深く感謝いたします。

ポイント
「故人に対していただきました、ご厚誼《こうぎ》に心より感謝いたします」など、あいさつをする当人の立場で、感謝を表します。

6 席の案内

ささやかですが、あちらに酒肴《しゅこう》の席をご用意させていただきました。故人の供養として、お召し上がりいただければと存じます。

本日は、大変ありがとうございました。

実例1

友人が病死した場合

人柄にふれたあいさつ

あいさつ 喪主代理 友人
故人 友人
2分20秒

本日は、お忙しい中、ご弔問を賜り、ありがとう存じます。私は故人の友人で柏原秀明と申します。ご遺族ならびにご親族の皆さまに代わり、ごあいさつをさせていただきます。

すでに皆さま、お聞き及びかと存じますが、故人は昨年末、心臓を患い、大東医科病院で療養を続けておりました。しかし、家族の皆さまの一日も早く元気になってほしいという願いもかなわず、去る三月十四日に帰らぬ人となりました。享年七十二歳でした。

ほんの五日ほど前には容体も安定し、来週には退院できるかもしれないとうかがっておりましたものですから、親友の私としては無念でなりません。まして、ご遺族のお悲しみはいかほどかと存じます。

故人はなんと申しますか、華のある人柄で、彼が現れるだけでその場が明るくなるような人間でした。私も落ち込んだときなど、彼と話をするだけで救われたことなど数知れません。そのような人物でしたから現役のときは職場でも好かれ、慕われていたとうかがっております。彼を知るすべての方々が、この別れを惜しんでいることと思います。

ここに生前、故人が賜りました皆さまのご厚情に、故人ならびにご遺族、ご親族に代わり、心よりお礼申し上げます。

なお、葬儀・告別式は明日、午後一時よりここ妙連院にて執り行います。ご都合がよろしければ、ご会葬くださいませ。別室に酒肴《しゅこう》を用意いたしております。故人をしのびながら、お時間を過ごしていただければと存じます。本日は、ありがとうございました。

実例2

父が病死した場合

通夜ぶるまいのお開きのあいさつ

あいさつ 喪主代理 娘
故人 父
50秒

皆さま、本日は、父のためにお集まりいただきまして、ありがとうございました。おかげさまをもちまして、通夜の儀式も無事滞りなく済ませることができました。

話は尽きませんが、だいぶ夜も更けて参りました。このあたりで、そろそろお開きにさせていただきたいと存じます。後は家族で故人を守ります。どうぞお足もとにお気を付けて、お帰りくださいませ。

なお、葬儀・告別式は明日、午前十時半より当所にて執り行います。ご都合がよろしければ、見送っていただきたいと存じます。本日は、まことにありがとうございました。

告別式でのあいさつ

葬儀、告別式とは

元来、葬儀と告別式は別の意味を持っていました。葬儀は死者を葬る儀式で、宗教、宗派によりやり方や意味合いが違っています。一方、告別式は、生前故人と親しかった人たちが最後の別れを告げる儀式とされています。

告別式も、宗教、宗派によって式次第はさまざまですが、仏教では、一般的に遺族や親しい人が集まり、読経や焼香を重ね、故人の成仏を祈る儀式です。

最近では弔問客への負担を考慮し、葬儀が終わった後すぐに告別式を行うのが一般的になってきています。また、大がかりな葬儀で準備に日数が必要な場合や、なんらかの事情ですぐに葬儀ができないようなときは、まずごく内々の親しい人間で密葬を行い、火葬まで済ませてしまいます。その後、本葬を行いますが、密葬から本葬までの日数は、一～三週間ほどで、事情によってさまざまです。社葬や団体葬の場合は、葬儀の準備に十分な時間をとることが多いようです。

葬儀・告別式を執り行うにあたっては、ほとんどの場合は葬儀社に依頼し、任せることになりますが、**喪主は世話役代表とともに、式次第、席次、焼香の順番と人数などを葬儀社としっかり打ち合わせをしておく必要があります。**そして、**告別式で述べる喪主のあいさつの準備もしなければなりません。**

あいさつの心得

葬儀・告別式の式次第や形式は、その土地や宗派、または会葬者の人数によって違ってきますが、大きな流れはそれほど変わりません(8〜10ページ参照)。

個人葬の場合は、葬儀と告別式を続けて行う場合が多いので、喪主のあいさつは、告別式の最後にするのが一般的になっています。また、最近では、告別式の最後でなく、出棺の前に行うことも増えています。

あいさつの内容は、通夜でのあいさつと重なることが多くなりますが、**故人との別れをする正式な儀式ですから、通夜のときよりも形式的であらたまったものにします。**

本来、喪主があいさつを述べるのが正式ですが、喪主が高齢であったり、逆に若すぎる場合は、親族代表や世話役代表があいさつしてもかまいません。

あいさつの内容は、参列者へのお礼を中心として、故人の生前のようすや人柄、別れのことばやメッセージを添えます。

あいさつに盛り込みたいことを整理し、なるべくコンパクトにまとめます。時間は長くても三分前後が目安です。無理に暗記しなくても、紙に書いた原稿を読んでもかまいません。

悲しみのあまり思うように話せないときなどは、簡単なお礼だけでも十分です。ただし、このような場合には、最後に満足なあいさつができなかったことへのおわびを述べましょう。また、後日あらためてお礼をする旨のことばを添えるようにします。

あいさつの構成

喪主の場合

あいさつと会葬へのお礼

●喪主の自己紹介を兼ねてあいさつのことばを入れます。

●多忙の中、葬儀・告別式に参列していただいたことへのお礼を述べます。

故人の最期のようす

●差し支えない範囲でかまいませんので、死因などを含め故人の最期のようすを伝えます。

●死亡時刻、死因のみをごく簡潔に述べるだけでもいいでしょう。

故人の思い出、エピソード

●人柄、仕事ぶりなど、故人とのこれまでのふれあいの中で、特に心に残っていることを盛り込みます。

●気取ったり堅苦しくなったりせずに、自分のことばで語るようにしましょう。

●思い出などを語る場合は、告別式のしめやかな雰囲気を壊さない程度のものにします。

生前の厚誼《こうぎ》に対するお礼

●お礼のことばは、故人の気持ちになってでもかまいませんし、遺族の立場から申し述べることもあります。

今後のお願い

●残された遺族への助力や支援、これまでと変わらぬお付き合いをお願いします。

●遺族の決意を、ここで述べることもあります。

結び

●再度、参列者へのお礼を述べ、結びとします。

喪主代理の場合

あいさつ

●故人との関係を明確に述べ、喪主の代理としてあいさつすることを伝えます。

会葬へのお礼

●喪主があいさつできない理由を述べます。

●あくまで喪主の代理として感謝を述べます。

故人の最期のようす

●あいさつをする本人から見た、故人の晩年のようすなどを語るとよいでしょう。

故人への思い出、エピソード

●遺族の立場から見た思い出やエピソードに、自分の感想などを織り交ぜて話します。

●自分自身が知っている故人のエピソードを語り、故人への思いを伝えるのもよいでしょう。

生前の厚誼に対するお礼

●故人と遺族に代わって述べることを忘れないようにしましょう。

●ここに、遺族へのお悔やみやいたわりのことばを入れる場合もあります。

今後のお願い

●遺族に対する厚誼や支援を、参列者に対してお願いいします。

結び

●葬儀・告別式への参列に感謝し、再びお礼のことばを述べて、締めとします。

Point

あいさつのしかた

人前で話す場合は、まずはっきりとした口調で話すことを心がけます。また、あまり早口にならず、ゆっくりと話すようにしましょう。

通夜や告別式でのあいさつの場合は、マイクを使用することが多いので、あまり大きな声を出す必要はありませんが、はっきりと話すことが大切です。また、マイクには必要以上に近づきすぎないように気を付けます。

悲しみのときですから、滑らかに話すことが難しいこともあります。声が詰まり、出なくなってしまった場合でも、気にすることはありません。そのようなときは無理をせず、少し間を置くようにしましょう。

また、原稿を持ちながらあいさつに立っても、失礼にはなりませんので、あいさつ文を無理に暗記する必要もありません。

告別式　喪主のあいさつ

一般的なあいさつ

本日は、故、北村香織の告別式にご参列くださいまして、まことにありがとうございました。おかげさまで、葬儀・告別式を滞りなく終えることができました。あらためてお礼申し上げます。

また入院中は、皆さまに何度となくお見舞いいただき、ありがとうございました。香織にとって何よりの励みだったと思います。

今後は、残された家族一同で力を合わせて生きて参るつもりです。今後とも変わらぬご厚誼《こうぎ》を賜りますようお願い申し上げ、簡単ではございますが、ごあいさつとさせていただきます。

本日は、どうもありがとうございました。

1 あいさつ　**2** お礼　**3** 結び

あいさつ：喪主　夫
故人：妻
45秒

ポイント
悲しみが込み上げて、うまくしゃべることができないようなときは、手短なあいさつでも十分です。しかし、参列者へのお礼はしっかりと述べます。

今後の支援を請うあいさつ

あいさつ 喪主 妻
故人 夫
1分

本日はお忙しい中、葬儀・告別式にわざわざお運びいただき、ありがとうございました。

夫、金沢均は、三月三日の深夜、入院先の病院で息を引き取りました。難しくない手術と聞いておりましたので、まさかこのようなことになるとは……。まだ気持ちの整理がついておりません。

これも天命とあきらめ、夫の冥福を祈らなければならないのでしょうが、悔やまれる思いばかりが胸をよぎります。今後は、父親のようなたくましい人間に子どもたちを育ててあげることが私の務めであり、夫への供養であると思い、一生懸命生きて参ります。

なにとぞ、皆さまには今後ともご指導、ご助力を賜りますようお願い申し上げます。本日はありがとうございました。

1 あいさつ　2 報告　3 決意　4 支援のお願い

ポイント 急逝のショックで、ことばが出ないときは、素直にそのままの気持ちを語ってもよいのです。

ポイント 今後の遺族への支援をお願いして、結びとします。

厚誼《こうぎ》に対するお礼を込めたあいさつ

あいさつ
喪主
娘

故人
父

2分10秒

ポイント
会葬のお礼と自己紹介の順序を逆にしてもかまいません。

1 あいさつ

故人の長女、麻美でございます。遺族を代表いたしまして、謹んで皆さまにごあいさつを申し上げます。

本日はお暑い中、遠路はるばる父、義男の葬儀・告別式にご参列、ご焼香くださいまして、心からお礼申し上げます。おかげさまをもちまして、葬儀ならびに告別式を滞りなく終えることができました。あらためて感謝いたします。

2 報告

父が息を引き取りましたのは、八月二十二日の明け方、かねてより入院中の市立病院においてでした。六月に体の不調を訴え、病院に参りましたところ、そのまま入院となってしまいました。

一時はだいぶ持ち直したのですが、結局一度も退院することなく、他界いたしました。それまで病気らしい病気をしたことのない父でしたから、私どもも悲しみより、驚きの方が大きいというのが正直なところです。

父の存命中、皆さま方には何かとお世話になりました。特に入院中は、たくさんの方々がお見舞いに来てくださり、お心のこもったお便りもいただきました。

入院当初はうろたえてばかりおりました父が、落ち着きを取り戻し、病と闘ってこられましたのも、皆さまの温かい励ましのおかげでございます。本当にありがとうございました。

3 お礼

ポイント 生前のようすなどを添えてお礼を述べると、感謝の気持ちがよりよく伝わります。

そして本日、このようにたくさんの皆さまに見送っていただくことができましたこと、父に代わりまして厚くお礼申し上げます。父もきっと喜んでいることと思います。

皆さまには、今後とも父の生前と変わらぬお付き合いをお願いいたしますとともに、末永いご多幸とご健康をお祈りいたしまして、ごあいさつとさせていただきます。

本日はご多忙の中、まことにありがとうございました。

4 結び

ポイント 故人が老齢の域に達しているときは、同年代の知人や友人に残りの人生を健やかに楽しく過ごすことを祈っているという内容などを盛り込むとよいでしょう。

人柄にふれたあいさつ

中村雅弘の長男、雅之と申します。本日はお忙しいところ、亡き父の葬儀、ならびに告別式に多数ご参列いただきまして、まことにありがとうございました。


また、先ほどはお心のこもった弔辞を賜りまして、父も喜んでいることと思います。

おかげさまで、葬儀・告別式も滞りなく済み、出棺の運びとなりました。遺族を代表いたしまして、厚くお礼申し上げます。


父、雅弘は、九月二十一日の朝、自宅にて静かに九十二歳の生涯を閉じました。

早朝の散歩を日課としておりました父が、いつもの時間になりましても起きてこないので、母がようすを見にいったところ、すでに永遠《とわ》の眠りについておりました。

日ごろより「人様の迷惑になる死に方だけはしたくない」と言

あいさつ：喪主　息子
故人：父
2分10秒

1 あいさつ　2 お礼　3 報告

ポイント
弔辞をいただいたときは、きちんとお礼を述べます。

うのが口癖でしたから、その意味では望みどおりの最期であったと思います。

卒寿を過ぎたあたりから耳が遠くなり始めましたが、それ以外はこれといったけがや病気もなく、安らかな毎日を過ごしておりました。

穏やかな父でしたが、その中に男としての信念と厳しさを持ち合わせておりました。また、人の話をじっくりと聞き、さりげなく辛口の助言をしてくれたものです。それが、思春期を迎えた孫たちの支えになったようで、「おじいちゃん、おじいちゃん」と慕われておりました。天寿とはいえ、寂しい気持ちでいっぱいです。

ここに生前に賜りました皆さまのご厚誼《こうぎ》にお礼を申し述べますとともに、今後とも変わらぬご厚情を賜りますようお願い申し上げまして、ごあいさつとさせていただきます。

本日は、ありがとうございました。

4 人柄

5 結び

ポイント 故人の人柄を述べる際、あまりくどくならないようにしましょう。

故人を惜しむあいさつ

あいさつ
喪主
夫

故人
妻

2分

ひと言ごあいさつを申し上げます。本日はご多用にもかかわらず、妻、恵子のためにわざわざご会葬くださいまして、まことにありがとうございました。おかげさまで、式も滞りなく終えることができました。

また、先ほどは心温まる弔辞、お悔やみ、ご焼香をいただきありがとう存じます。妻もきっと喜んで浄土に赴いたことと存じます。

1 あいさつ

ポイント
喪主の立場からのお礼とともに、故人になり代わってのお礼を言うのもよいでしょう。

妻は、桜の花が散る四月十六日の夕刻、功徳会病院にて静かに息を引き取りました。七十二歳でした。

2 報告

仕事人間で、家を空けることが多かったわがままな私と、三人の子どもの世話に明け暮れ、これといった楽しみを持つこともなく、ただひたすら家庭のために生きてきた女性でした。

十年ほど前に定年を迎えてから、やっと落ち着いてともに過ごす時間を大切にできるようになりました。

3 故人への思い

ポイント
生前の故人の思い出を具体的に語りながら、故人の人となりを伝えます。

妻は、時折訪ねてくる子どもたちと家族そろっての食事を楽しみにしておりましたようで、内心私も妻の手料理に期待していたものです。そんな平凡な日々を妻は喜んでおりましたのに、残念でなりません。

残されて、あらためて妻のありがたみを感じております。

今後は、皆さまのご指導、ご助力を賜ることになるかと存じます。なにとぞよろしくお願い申し上げます。

本日は、ご会葬くださいましてありがとうございました。

4 結び

ポイント 今後の決意を述べて、結びにしてもかまいません。

Point

故人の人柄を語る

人の性格にはいろいろな側面があります。ですから、故人の人柄のどのような面にふれるかで、聞く人に与える故人の印象も変わってくるものです。もちろん、自慢話や故人への非難に聞こえる話は避けます。

どのような人柄を語ればよいのか迷うようなときは、亡くなった人のことばやようすをまず思い浮かべてみます。そして、自分自身がいちばん心に残る面を、故人らしいエピソードとからめて話すとよいでしょう。素朴で自然なものがもっとも人の心に残るものです。

遺志を継ぐ決意を込めたあいさつ

本日は、あいにくの雨にもかかわらず、朝早くから、故、高橋健二の葬儀に多数お集まりいただき、ありがとうございます。故人も大変感謝していると存じます。

私は長男の淳でございます。皆さまのおかげをもちまして、葬儀・告別式を滞りなく執り行うことができました。遺族を代表しまして、深くお礼申し上げます。

父は、一昨日の午後二時十四分、肺炎により他界しました。六十九歳でした。

父が、現在の高明工務店を立ち上げましたのは二十八歳のときでありました。以来、何度かの試練がございましたが、皆さまの厚いご指導、ご鞭撻のおかげで、無事、今日までくることができました。

昨年、ささやかながらも四十周年の記念式典を催すことができ、

1 お礼　2 あいさつ　3 報告　4 業績

あいさつ
喪主 息子

故人
父

2分20秒

ポイント
天候にふれたお礼には次のような言い方があります。
お暑い中／お足もとの悪い中／寒さ厳しき折

ポイント
故人の業績を紹介しながら、⑥の決意につなげると自然な流れのあいさつになります。

皆さまのご要望とご期待におこたえするべく、さらに精進して参ろうと決意を新たにしたやさきでした。五十周年までは、現役でがんばると申しておりましたのに、残念です。

父の生前は皆さま方にはいろいろとお世話になりました。たくさんの方の励ましをいただき、本人も家族も幾度となく救われました。父になり代わり、厚くお礼申し上げます。

今後は私を含め、残された者で父の遺志を継ぎ、父が皆さまより賜りました信頼に精いっぱいおこたえしていく所存でございますが、なにぶんにも力不足でございます。どうぞ父の生前同様、皆さまのご指導、ご鞭撻を賜りますようお願い申し上げます。

皆さまのご健康とご多幸を祈念いたしまして、簡単ではございますが、ごあいさつとさせていただきます。

本日は、まことにありがとうございました。

5 お礼　**6** 決意　**7** 結び

ポイント
自営業などで親族が故人の仕事を引き継ぐときは、社業の発展に尽くす意志表明をします。

出棺時における喪主のあいさつ

葬送にあたり、謹んでごあいさつ申し上げます。私は長男の一義と申します。本日はお忙しいところ、多数ご会葬くださいましてありがとうございます。おかげさまをもちまして、葬儀・告別式とも滞りなく済み、出棺の運びとなりました。

父、竹村義人は、六月二十四日の午後八時四十一分、心不全のため他界しました。享年六十七歳でした。
昨年は妹も嫁ぎ、ようやく自分の余生を楽しめるときがきたと喜んでいたやさきのことでしたので、残念でなりません。

父の生前に、皆さまからいただきましたひとかたならぬご厚誼《こうぎ》、ご厚情に対し、故人になり代わりまして、厚くお礼申し上げます。

また、ご会葬の皆さまのご多幸とご健康をお祈りしまして、簡単ではありますが、お礼のごあいさつとさせていただきます。

1 あいさつ　**2** 報告　**3** お礼　**4** 結び

あいさつ：喪主　息子
故人：父
1分30秒

ポイント
出棺時のあいさつの場合、「お見送り、感謝いたします」という表現もよく用いられます。

ポイント
惜別の情を込めながら、死去の報告をします。

本日は、まことにありがとうございました。

出棺時における手短なあいさつ

本日はお忙しいところ、長女、瀧川美香の葬儀にご参列いただきまして、まことにありがとうございました。おかげさまで式も無事終了し、ここに出棺の運びとなりました。皆さまには最後までお見送りいただき、故人もさぞ喜んでいることと思います。

故人が生前賜りましたご厚誼《こうぎ》に対し、故人に代わりまして、心からお礼申し上げますとともに、今後も変わらぬご厚情を賜りますようお願い申し上げます。簡単ではございますが、ごあいさつとさせていただきます。

本日は、まことにありがとうございました。

1 あいさつ　2 結び

あいさつ 喪主 父
故人 娘
1分

ポイント
出棺時のあいさつは、感謝の気持ちを込め、なるべく手短に済ませます。

実例1

母が天寿をまっとうした場合

故人を惜しむあいさつ

あいさつ 喪主 娘

故人 母

1分50秒

本日は、母、山中仁美の葬儀・告別式に際しまして、ご多用中のところご参列くださいましてありがとうございました。母は去る二月十日、老衰のため九十五歳で亡くなりました。ここ十年ほどは、介護の手無くしてはやっていけない状態でしたので、皆さまにもあまりお目にかかれないことが続いておりました。今日は、このようにたくさんの方にお別れをしていただいて、母もさぞ感謝していることと思います。

母を失うことはつらいことですが、私ども家族にとりまして、住み慣れたこの家で最期をみとってやれたことに、なにがしかの慰めを感じております。

人が年老い、やがて世を去るということは、誰しも避けられないことです。母は、親として自らの人生をもって私ども家族に人間のその姿を示してくれたような気がします。生来、愛情深く、子どもである私たちを教え導いてくれた人であったただけにそう思われてなりません。

母の存命中にいただきました数々のご厚誼《こうぎ》、ありがとうございました。深くお礼申し上げます。今後とも、私ども遺族に対しましても、変わらぬお付き合いをお願い申し上げます。

本日は、ご会葬どうもありがとうございました。

実例2

夫が病死した場合

厚誼《こうぎ》に対するお礼を込めたあいさつ

あいさつ 喪主 妻
故人 夫
1分40秒

本日は、お忙しいところ佐藤浩二の葬儀、ならびに告別式にご参列、ご焼香くださいまして、まことにありがとうございます。

また生前は、皆さまにひとかたならぬご厚情を賜り、故人に代わりまして厚くお礼申し上げます。

佐藤は、秋晴れに恵まれた九月三十日、聖母新町病院ホスピスで、家族と親しかったお友だちにみとられながら、静かに旅立っていきました。享年六十八歳でした。最期の瞬間まで痛いともつらいとも漏らしませんでした。

現役でおりましたころは、職場の皆さまをはじめとするたくさんの方々のお力添えとご理解のもと、仕事に没頭し、企業人として充実した毎日を送ってこられたと思います。

決して長いとはいえない人生でしたが、満足のいく一生であったかと思います。皆さま、本当にありがとうございました。生前のご厚誼にこの場をお借りしまして、あらためて厚くお礼申し上げます。

本日は、最後までお見送りいただき、ありがとうございました。

実例3

父が急逝した場合

生涯を振り返るあいさつ

あいさつ 喪主 息子

故人 父

2分

私は故人の長男で俊道と申します。本日はご多用のところ、父、原田修三の葬儀、ならびに告別式にご参列くださいまして、ありがとうございました。また、先ほどは心温まる弔辞をいただきまして、厚くお礼申し上げます。父もさぞ喜んでいることと思います。

私の目から見まして、父は実に活力あふれる男であったと思います。順風満帆と思われましたサラリーマン生活を捨て、突然の退職。裸一貫でこの地に移り住み、新規の事業を展開して参りました。家族を連れ、背水の陣であったと思います。

慣れない地でのハンデを跳ね返すように積極的に地域に溶け込み、皆さま方の温かいご支援をいただき、今日《こんにち》まで、思う存分仕事に励んで参りました。まことに父らしい力強い仕事ぶりであり、個性あふれる人生を貫いたのではないでしょうか。

つい先日まで元気で働いておりましたので、私どもにとりましては父の死はあっという間の出来事でございました。しかし、いかにも父らしい最期だったと思います。

この場をお借りしまして、生前ひとかたならぬお世話になった皆さまに、厚くお礼申し上げます。本日は、まことにありがとうございました。

実例4

子どもが病死した場合

深い悲しみを伝えるあいさつ

あいさつ 喪主 父

故人 息子

2分

本日は、祐介のために集まっていただき本当にありがとうございました。こんなにたくさんのお友だちに見送っていただけるとは、きっと祐介も思っていなかったでしょう。

祐介はご承知の通り、十一月十四日に短い人生を閉じました。必ず元気になると励ましながら、わらをもすがる思いで受けさせた心臓手術だったのですが……、本当に残念です。

持て余す若いエネルギーを、思い切り発散させてやりたい年ごろでしたが、祐介には運動を禁じ、心臓を気づかいながらの不自由な生活を強いて参りました。親としましては、少しでも気の赴くまま、自由に行動させてやりたいと願わない日はありませんでした。

祐介の死はこの身を裂かれるよりもつらく悲しいことです。しかし、祐介は天国に行って、これからやっと思う存分走り回れるのだと考えようと、そう決意いたしました。

親しくしていただいた大勢の学友の皆さま、どうか祐介の分まで明るく元気に生きてください。そして、願わくば時々祐介を友として思い出してやってください。

皆さま、本日は心のこもったお別れをしていただき、本当にありがとうございました。祐介になり代わり、お礼申し上げます。

◎告別式　喪主代理のあいさつ〈親族代表〉

あいさつの内容は喪主の場合とほぼ同じですが、**必ず最初に故人との関係と、喪主に代わってあいさつをする理由を述べます。**さらに、親族として遺族に対する自らの支援を表明し、同時に参列者にも今後の支援をお願いする配慮も必要です。

あいさつの心得

喪主が高齢者や若年の場合、病気やショックであいさつに立てない場合などは、代わりに親族の代表があいさつをすることがあります。

あいさつ	故人	
喪主代理 甥	叔父	2分

一般的なあいさつ

1 あいさつ

本日はご多用中のところ、故、大木隆夫の葬儀、ならびに告別式にお越しくださいまして、まことにありがとうございました。

2 自己紹介

私は、故人の甥で大木進と申します。喪主であります叔母が、体調を崩していますので、代わりにごあいさつ申し上げます。

叔父は、かねてより心臓病を患っており、闘病生活を強いられてきましたが、手当てのかいなく、一月二十四日の夕刻、入院先

ポイント

会葬へのお礼を述べたうえで、故人との結び付き、および喪主に代わってあいさつをする理由を話します。

の西東病院にて八十五年間の生涯を終えました。平均寿命を超えていたとはいえ、私どもといたしましては、いつまでも長生きしてほしいと願っておりましただけに、残念でなりません。

皆さまもご承知のとおり、故人は明るくおおらかな性格で、入院中も冗談を言って家族を笑わせるなど、最期まで前向きに生きる気持ちにあふれておりました。この遺志を引き継ぎまして、遺族一同、これからの日々を過ごしていきたいと思っております。

皆さまには、故人が生前に賜りましたご厚情に厚くお礼申し上げるとともに、私ども遺族に対しまして、今後とも変わらぬご支援、ご助力を賜りますよう、お願い申し上げます。

本日は、多くの皆さまにお見送りをいただきまして、本当にありがとうございました。最後に、皆さまのご健勝をお祈りいたしまして、お礼のごあいさつとさせていただきます。

3 報告

ポイント 哀悼の気持ちを込めて、故人が亡くなった日時や病名などについて報告します。

4 決意

ポイント 故人の生前の人柄などを折り込みながら、遺族代表として、現在の率直な思いを伝えます。

5 支援のお願い

6 結び

ポイント 最後に、感謝の気持ちをあらためて表明し、締めくくります。

実例1

父が病死した場合

感謝の気持ちを込めたあいさつ

あいさつ 喪主代理 娘

故人 父

2分10秒

本日は父、孝史のためにお集まりくださいまして、深く感謝申し上げます。喪主であります母に代わりまして、私、長女の菜々子がごあいさつさせていただきます。

父は十一月十五日に、家族の見守る中、七十三歳の一生を終えました。胃がんでございました。実は私ども家族は、半年ほど前に医師より告知を受けていました。覚悟はしていたものの、一日でも長生きしてほしいと祈っていただけに、今は悲しみでいっぱいでございます。

こうしてごあいさつをしていましても、いまだに信じられない気がいたします。あの、ちょっとしゃがれた声で、「おーい菜々子」と私を呼んでいるのではないかと……。そして、その声をもう二度と聞くことができないと思うごとに、あらためて父親というかけがえのない存在を失った事実の重さが、身にしみて感じられます。

父に心配をかけるのは一人前で、親孝行と呼べるものは半人前にも及ばない私でした。今はただ、「お父さん、ありがとう。お母さんのことは、私たちが責任を持って面倒を見ます。どうか安心して、あの世でゆっくり休んでください」と、それしかことばになりません。

本日は、お見送りまことにありがとうございました。また、最後になりましたが、存命中には大変お世話になりましたこと、遺族一同、心よりお礼申し上げます。

実例2

姉が病死した場合

出棺時における親族代表のあいさつ

あいさつ
喪主代理
弟

故人
姉

1分40秒

出棺に先立ちまして、林田家を代表してひと言ごあいさつを述べさせていただきます。私は故人の弟であります、林田宏一でございます。

姉は去る一月二十日、かねてより入院中でありました、麻布台外科病院にて他界いたしました。

入院中には、皆さまから心のこもったお見舞いをいただきまして、まことにありがとうございました。目に見えぬ病と戦う姉にとって、大変励みになったと思います。故人に代わり、厚く感謝いたしたいと存じます。また、本日はこのようにかくも盛大にお見送りいただき、故人もきっと喜んでいると思います。

覚悟はしていたつもりでも、こうして現実に永遠《とわ》の別れを迎えてしまうとなかなか割り切れぬ思いがいたします。これからは寂しい日々が続くことになると思いますが、姉の分までなんとか精いっぱい生きて参るつもりです。

簡単ではありますが、皆さまのご健勝をお祈りしてごあいさつとさせていただきます。

本日はお寒い中、最後までのお見送り、まことにありがとうございました。

告別式　喪主代理のあいさつ〈世話役代表〉

あいさつの心得

世話役代表は、喪主、親族側の人間としてふるまうのが原則で、多くは生前から故人と親しかった人がなります。しかし、**親族代表とは違い、あいさつでは、ある程度、第三者的に故人の人柄、功績をたたえることも礼儀です。**

そして、世話役代表として参列者への感謝の気持ちを折り込み、最後に遺族支援のお願いを加えると行き届いたあいさつになります。

一般的なあいさつ

あいさつ：喪主代理　友人
故人：友人
2分

1 お礼

本日はご多用中のところ、故、荒井浩之君の葬儀・告別式にご参列いただきまして、ありがとうございました。

2 自己紹介

私は、故人の友人で田中直人と申します。世話役を代表し、ご遺族、ご親戚に代わりまして、ひと言ごあいさつ申し上げます。

ポイント
会葬へのお礼とともに、故人とのつながりを明らかにしましょう。

3 報告

荒井君は五月二十三日の夕刻、肺がんのために、入院先の県立病院にて永久《とわ》の眠りにつかれました。享年は六十六歳でございました。

ポイント
逝去の日時や病名、享年を簡潔に報告します。

私が半月ほど前にお見舞いにうかがったときは、お元気そうなごようすで「退院したら、二人で温泉にでも行こう」とおっしゃっていました。「魚のうまい伊豆あたりがいいね」と相づちを打ちながら、回復を祈ったのですが、今となりましては、それが彼との最後の会話になってしまいました。大学以来、四十年以上にわたる交友を交わしてきただけに、寂しさで胸がいっぱいです。

4 故人への思い

ポイント 故人との交友の思い出を交えながら、追悼の意を表します。

ましてや、残されましたご家族のお嘆きはいかばかりかと思います。どうか今後ともご遺族の方々に、変わらぬご厚誼《こうぎ》をお寄せくださいますよう、お願い申し上げます。

5 支援のお願い

ポイント 世話役代表として、遺族への思いやりを込めた言葉を添えることを忘れずに。

最後に、あらためて、故人が生前に賜りましたご厚誼、ご厚情に、心よりお礼を申し上げます。

本日は、おかげさまで葬儀・告別式を滞りなく執り行うことができました。本当にありがとうございました。

6 結び

ポイント 結びでは、あらためて衿を正して、参列者への感謝を表明します。

実例1

友人が病死した場合

故人を惜しむあいさつ

あいさつ
喪主代理
友人

故人
友人

1分
50秒

世話役代表の片岡涼子でございます。本日は、故、井上優香さんの告別式にご会葬いただきまして、ありがとうございました。ご遺族、ご親戚に代わりまして、ひと言ごあいさつを申し上げます。

故人と私は古くからの友人で、家族ぐるみで親しくお付き合いをさせていただいておりました。それが、こんなにも早く永遠《とわ》の別れのときを迎えるとは想像もしませんでした。こうしてお話していましても、あきらめきれない思いが胸に迫って参ります。何より、四十七歳という若さで、最愛の家族を残して先立った、彼女の無念を思いますと、断腸の思いを禁じえません。

どうか深い悲しみに沈んでいらっしゃるご遺族に対し、温かいご支援、ご助力をお寄せくださいますようお願い申し上げます。彼女のことゆえ、今後はあの世から、ご家族を優しく見守り続けてくれるものと、確信いたしております。

故人が生前に賜りましたご厚誼《こうぎ》、ご厚情に深く感謝いたしますとともに、皆さま方のご健勝をお祈りいたしまして、ごあいさつとさせていただきます。ありがとうございました。

実例2

同僚が急逝した場合

業績をたたえるあいさつ

あいさつ 喪主代理 同僚
故人 同僚
2分

本日はご多用中にもかかわらず、橋本純一さんの葬儀・告別式にご参列くださいまして、ありがとうございました。私は、故人が勤務しておりましたハヤミ株式会社の同僚で、山田義則と申します。世話役を代表し、ご遺族、ご親戚に代わりましてごあいさつ申し上げます。

橋本さんとは、一週間ほど前までともに仕事にいそしんでおりましたので、突然の訃報には、いまだに信じられない気持ちがいたします。心不全とのことで、享年五十歳でございました。

故人は経理部長を務めておられましたが、財務と会計の豊富な知識と経験を生かされて、予算、決算をはじめとする会社の重要な経理業務に、いかんなく手腕を発揮されておりました。経理部門のスタッフは、多くが故人の薫陶《くんとう》を受けて育っており、まことにもって惜しい人材を失ったと、悔やまれてなりません。

ご家庭でも、厳しさの中に思いやりを込めてお子さま方に接するよき父親だったとのこと。ご遺族のお嘆きはいかばかりかと思いますと、このうえなく残念です。

どうか、生前の故人にお寄せいただきましたご厚誼、ご厚情を、今後も変わらずご遺族の方々に賜りますよう、切にお願い申し上げます。本日は、ありがとうございました。

精進落としでのあいさつ

精進落としとは

本来、四十九日法要までの忌中《きちゅう》期間は、肉や魚を絶った精進料理だけで過ごすものでした。そして、忌明《きあ》けの四十九日目に普通の食生活に戻りますが、特にその日には「精進落とし」として酒宴を設け、ふるまうこととしていました。

しかし、現在の「精進落とし」は、本来の意味から離れ、葬儀当日、火葬場から戻り還骨法要が営まれた後に、僧侶や世話役をはじめ、**お世話になった方々の労をねぎらう意味から行われる、酒宴のこと**を指すようになりました。「精進落とし」の席では、僧侶が主賓となり、喪主や遺族は末席に座ります。

あいさつの心得

通夜や告別式でのあいさつは、喪家の代表が弔問客に対して行いますが、精進落としでのあいさつは、喪主またはそれに準ずる遺族が、僧侶や世話役など手伝ってもらった方々へ行います。

出席者が全員、席に着いたところで、まず始めのあいさつをします。**お世話になった方々へのお礼となるものですから、なによりも感謝の気持ちを表すことが大切です。**宴が始まったら、喪主と遺族は、出席者一人ひとりの席を回り、酌をしながらその日の労をねぎらいましょう。そして、最後にあらためて、お礼の気持ちを込めてお開きのあいさつをします。

●精進落としをしない場合

遺骨を迎える還骨法要の後に行われるのが精進落としですが、この宴席は、必ずしも設けなければならないものではありません。

遠方からの参列者が多い場合や、準備が間に合わないなどの事情で精進落としを行わないこともあります。このようなときには、参列者に折り詰めや、お酒を持ち帰ってもらうように手配します。

あいさつは還骨法要が終わった後、喪主が行います。葬儀・告別式、火葬、遺骨迎えなどの**一連の儀式の終了を告げるとともに、長時間のお付き合いをいただいたことに対しての感謝のことばを述べ、精進落としをしない旨を伝えます。**

あいさつは手短なものでかまいませんが、礼を欠くことのないようにていねいな言い回しを使いましょう。後日、精進落としを行う場合は、その旨を伝え、出席をお願いするようにします。

あいさつの構成

あいさつ
- 葬儀・告別式が無事終了したことを伝え、すべての参列者にお礼を述べます。

お世話になったことへのお礼
- お手伝いいただいた方々への、労をねぎらうことばを盛り込みます。
- 特にお世話になった方に対しては、名前を挙げて感謝の意を表すこともあります。

宴席の案内
- 精進落としのお膳を用意している旨を述べます。
- お礼の品を用意しているときは、その旨も伝えます。

ポイント

■関係者の疲労を考え、簡潔なあいさつにします。
■お開きのあいさつは、タイミングを見計らって述べます。
■遠方からの列席者が多い場合は、帰りの際の交通手段などを伝えることも配慮の一つです。

精進落とし 始めのあいさつ

あいさつ 喪主 息子
故人 父
1分

喪主の一般的なあいさつ

本日は、長時間にわたりお付き合いくださいまして、まことにありがとうございました。父、有田雄二の葬儀・告別式を無事執り行うことができましたのも、西蓮寺のご住職さまをはじめ、世話役の方々や、皆さま方のおかげと存じます。故人になり代わりまして、心よりお礼申し上げます。

長い時間にわたり、お疲れのことと思います。ささやかではございますが、お食事の用意をさせていただきました。何のおもてなしもできませんが、ごゆっくりとおくつろぎいただければと存じます。

故人を失い、寂しくなる有田家ですが、今後とも皆さまには生前と変わらぬお付き合いを賜りますよう、心よりお願い申し上げます。本日は、まことにありがとうございました。

1 お礼
2 案内
3 今後のお願い

ポイント
精進落としの席でのあいさつは、葬儀を手伝ってもらった人に対するものですので、その尽力に感謝しましょう。

ポイント
労をねぎらい、宴席の案内をします。

喪主の手短なあいさつ

あいさつ 喪主 夫
故人 妻
30秒

1 お礼
本日は、山岡麻央の葬儀に際しまして、皆さまにはひとかたならぬお世話になりました。おかげさまをもちまして、無事葬儀いっさいを済ませることができました。ここに厚くお礼申し上げます。

2 案内
ささやかながら、お食事をご用意させていただきました。どうぞごゆっくりお召し上がりくださいませ。

ポイント
僧侶の法話がある場合は、最後に「その前にご住職からのお話をいただきたいと存じます。よろしくお願いいたします」と紹介します。

役立つ
葬儀メモ

◉精進落としに僧侶を招かないとき

最近では、精進落としの席は、喪家が葬儀の列席者やお世話になった人の労をねぎらう目的のものとなっています。そのため、本来は僧侶を主賓とするべきものですが、お寺との付き合いがあまりないなど、精進落としの席に僧侶を招かない場合があります。また、同席を勧めても、僧侶のほうで辞退する場合もあります。

その場合には、僧侶に「御膳料」「御車代」を渡します。お見送りは喪主みずから行い、僧侶へのあいさつは丁重に述べるようにします。

精進落としに僧侶が出席できるかどうかの確認や、喪家の都合で招くことができないという連絡は、寺に葬儀の依頼をするときに行いましょう。

親族代表のあいさつ

あいさつ　喪主代理　叔父

故人　姪

1分20秒

故人の叔父、北村昭二でございます。親族を代表いたしまして、ひと言ごあいさつをさせていただきます。

このたびは、故、北村綾乃の葬儀に際し、皆さまのひとかたならぬお力添えをいただき、まことにありがとうございました。おかげさまで、無事葬儀・告別式を終えることができました。故人、遺族に代わりまして、あらためてお礼申し上げる次第です。

葬儀・告別式の間は、皆さまのお心づかいに支えられ、また、気も張っていた遺族ですが、こうして一段落いたしますと、寂しさが胸に迫ってくるものでございます。どうぞ今後とも変わりなくお付き合いくださいますよう、お願い申し上げます。

ささやかではございますが、お食事の席を設けました。お時間の許す限りお召し上がりいただき、お疲れをほぐしていただけれ

1 自己紹介

ポイント　告別式ですでに喪主代理として自己紹介を済ませているときは、省いてもかまいません。

2 お礼

3 今後のお願い

ポイント　心境を語る際も、聞く側のことも考え、さりげないものにしましょう。

4 案内

ばと存じます。本日は、本当にありがとうございました。

精進落としを設けないときのあいさつ

あいさつ　喪主　息子
故人　母
1分

1 お礼

本日は、母、優子のためにお集まりいただきまして、ありがとうございました。皆さまに見送られて、母も無事旅立つことができました。皆さまの温かいお志に、感謝していることと思います。

2 案内

本来でしたら、この後おもてなしをいたしたいところですが、お忙しいところをお引き止めするのは、かえってご迷惑かと存じますので、失礼させていただきます。なお、心ばかりの物を用意いたしました。私どもの気持ちですので、どうぞお持ちください。

3 結び

本日はありがとうございました。駅までのバスは十分おきに「セレモニーホール前」から出ています。どうぞご利用ください。

ポイント
「本来ならば精進落としの御席を設けるべきところ、あいにくとその用意がございません」と精進落としのないことだけ断って、特に理由を述べない形にしてもかまいません。

ポイント
バス、タクシー、列車などの時刻を伝えると親切です。

実例1

妻が病死した場合

喪主の感謝を込めたあいさつ

あいさつ
喪主
夫

故人
妻

1分50秒

ご住職さま、世話役の吉田さま、加納さま、また受付をご担当いただきました阿部さま、広田さま、町内会の皆さま、そしてお集まりいただきお力添えくださいましたすべての皆さま、本日は、まことにありがとうございました。

私ども家族にとりまして大切な存在でありました妻を失い、情けないことに何も手につかないような状態でありました。このように、葬儀・告別式を滞りなく終えることができましたのも、皆さまのご厚情のおかげとあらためて感謝する次第でございます。

子どもたちも嫁ぎ、夫婦二人暮らしでしたので、これでいよいよ一人になってしまいました。これも定めかと思いますが、なんとも割り切れない思いがいたすのも正直なところです。幸い、昨年より、専門学校の講師を務めさせていただくことになり、なんとか気持ちを紛らわせることができるとは存じますが……。

何もおかまいできないとは思いますが、お近くにお寄りの際はぜひお立ち寄りください。

長い時間、本当にお疲れのことと存じます。ささやかですが、精進落としの膳を用意いたしてございます。どうぞお召し上がりください。本日は、ありがとうございました。

実例2

叔母が病死した場合

親族代表のあいさつ

あいさつ 喪主代理 甥
故人 叔母
1分10秒

皆さま、本日は朝早くから長きにわたってお付き合いくださいまして、ありがとうございました。おかげさまで、故、成田康子の葬儀・告別式のいっさいを滞りなく済ませることができました。遺族を代表いたしまして、心よりお礼申し上げます。申し遅れましたが、私は甥の貴史です。

生涯独り身の叔母でありましたが、人生最後の舞台を、こうしてたくさんの皆さまに見送られたことは、実に豊かな人生だったのだと、うらやましくも思えました。

皆さま、さぞお疲れのことと存じますが、精進落としの席を用意いたしてございます。たいしたことはできませんが、もうしばらくお時間をいただきたいと存じます。

なお、あちらに心ばかりのものを用意してございます。お帰りの際はお持ちください。

本日は、まことにありがとうございました。

精進落とし　お開きのあいさつ

喪主のお開きのあいさつ

●本日は、遠方より多数お集まりいただき、また、長い時間お付き合いいただきありがとうございました。お話は尽きませんが、これ以上お引き止めするのもご迷惑かと思いますので、このあたりでお開きとさせていただきたいと存じます。最後までお付き合いくださいまして、まことにありがとうございました。どうぞお気を付けてお帰りください。

●本日は、皆さまには何から何までお世話になりまして、まことにありがとう存じます。うろたえるばかりで何もできなかった私どもが、このように、盛大でしめやかな葬儀・告別式ができたこと、ひとえに皆さまのおかげと深く感謝いたしております。万事行き届かぬところばかりで、失礼をいたしましたこと、お許しください。なにとぞ、これからもよろしくお願いいたします。本日は、まことにありがとうございました。

◆精進落としの席では、出席者の疲労も考え、お開きのあいさつもあまり長くならないよう注意しましょう。基本的には、葬儀への協力についてお礼を述べることが中心です。

◆不行き届きのおわびを付け加えてもよいでしょう。

●本日はお忙しいところ、また、このような暑さの中、長時間にわたり真由美の葬儀にご助力いただき、ありがとうございました。お話は尽きないのですが、皆さまお疲れのことと思いますので、このあたりでお開きにさせていただきたく存じます。気持ちの整理にしばらくかかるかと思いますが、一段落いたしました折には、あらためてごあいさつにうかがいたいと存じます。本日は、ありがとうございました。

●皆さま、本日はあいにくの天候の中、まことにお疲れさまでございました。親しい方々ににぎやかに送られ、故人もきっと喜んで旅だったことと思います。あらためてお礼申し上げます。もっと皆さまのお話をうかがいたいところですが、明日のお仕事に差し支えてもいけません。このあたりで閉じたいと存じます。法要につきましては、後日あらためてご案内させていただきます。本日は、ありがとうございました。

◆後日、あらためてあいさつ回りをする予定のときは、そのことを伝えます。

◆最後に法要の日程についてもふれておくとよいでしょう。

葬儀後のあいさつ

あいさつの心得

　葬儀を済ませた後、決して忘れてはならないのが、ご近所の方や故人の職場・学校関係者、死亡から葬儀・告別式に至るまでお世話になった方々、故人が生前お世話になった方などへの、お礼のあいさつ回りです。

　まず、**喪家《そうか》側の人として手伝っていただいた方へは、精進落としの際にお礼を述べます。そして、日をあらためて喪主が出向き、きちんとあいさつをするのが礼儀です。このあいさつ回りは、遅くとも葬儀から初七日までに済ませておくべきです。**

都合がつかない場合は、遺族や親族が代理で出向いてもかまいません。

　服装は喪服が一般的ですが、地味な平服でも差し支えはありません。なお、香典返しは忌明《きあ》けにしますので、このときは持参しません。

　僧侶への謝礼は、葬儀後すぐに渡すことが多いようですが、あいさつ回りのときに渡してもかまいません。また、世話役への謝礼もこのとき渡します。自宅で葬儀を行った場合は、ご近所の方にもなにかとお世話になっているので、謝礼のお金、もしくは菓子折りなどを持参するほうがよいでしょう。

ポイント

■葬儀後のあいさつに伺う範囲は、その土地や風習によっても違います。これまでの慣習をよく調べて、対処するようにしましょう。

役立つ

葬儀メモ

◉僧侶への謝礼や御車代の目安

僧侶へのお礼には、御経料、戒名料、御車代、御膳料などがあります。

最近は、規定料金を設けている寺院も多くなってきました。その場合は、それに従います。

しかし、金額を提示されず「お志でけっこうです」と言われたときは、地方によって相場も違いますので、経験者やそのお寺の檀家、世話役、葬儀社などに相談して常識的な線を割り出します。

また、お寺側に直接、相談してみる手もあります。特に、経済的に余裕のないときは、そうしてお寺側の了承を得ておくこともできます。

参考までに大体の目安をあげておきます。

御車代と御膳料（通夜ぶるまいと精進落とし）はおおよそ五千円から一万円のところが多いようです。

御経料は、枕経、通夜が五万円程度、葬儀では道師が五万円から十万円、副道師が三万円から五万円、還骨勤行の際の読経は二万円くらいを目安とすればよいようです。

お礼のうちでもっとも金額の差がでるのは、戒名料です。

院号をもらう場合で、一般に四十万円から七、八十万円といわれています。そのほかの戒名はだいたい次のような金額を目安とします。

信士・信女…十五万円から二十万円

居士・大姉…三十万円から四十万円

しかし、地域やお寺の格式によって相違がありますし、同じお寺でもケースによって謝礼の額が異なるのが現実です。ここにあげた金額はあくまでも目安ですので、見当が付かないときは、周囲やお寺に相談すべきでしょう。

葬儀後　お礼のあいさつ

僧侶へ

●このたびはお世話になり、ありがとうございました。また、ありがたいお経とご法話をいただき、おかげさまでいい葬儀となりました。これは心ばかりのお布施でございます。どうぞお納めください。法要の件につきましては、またあらためてご相談させていただきますので、どうぞよろしくお願い申し上げます。

●おかげさまをもちまして、つつがなく葬儀を済ませることができました。妻も喜んでいることと思います。心ばかりではございますが謝礼でございます。十月四日に執り行う四十九日の法要は十時からの予定です。よろしくお願いいたします。

◆葬儀の謝礼を当日に渡していないときは、あいさつ回りのときに渡します。仏式の場合の謝礼の表書きは「御布施」のほか、「御経料」「御《ご》回《え》向料《こうりょう》」「志」などとします。

世話役へ

●このたびはお世話になり、なんとお礼を申し上げてよいかことばも見つかりません。本当にありがとうございました。これはささやか

◆世話役の中でも主だった人のところへは、後日あらためてお礼に行きます。

ですが、私どもの気持ちでございます。お納めください。

●過日はお忙しいところ、無理なお願いをいたしまして、申し訳ございませんでした。これは心ばかりのもので恐縮ですが、お納めください。今後ともよろしくお願いいたします。

●このたびは通夜の準備から、葬儀、精進落としまで、ご親切にお力添えくださいまして、まことにありがとうございました。加納さんのおかげで立派な葬儀を執り行うことができました。わずかですが、これは私どものほんの気持ちです。どうぞお納めください。これからも変わらぬお付き合いをお願いします。

仕事先へ

●このたびはお忙しいところを、お世話になりまして、まことにありがとうございました。おかげさまで、葬儀も無事済ますことができました。夫も山田さまのお心づかいにとても救われたと思います。

◆故人の勤務先へもあいさつに行きます。その際、印鑑など持参し、故人の死去にともなう諸手続きや、故人の机やロッカーの私物を片づけることもあります。

●先日はお忙しいところごていねいにご弔問いただきまして、まことにありがとうございました。告別式当日は取り込んでおりましたものですから、満足にごあいさつ申し上げることもできず、失礼いたしました。

近所へ

●このたびは、いろいろお世話になりました。おかげさまで葬儀いっさいを無事済ませることができました。中山さんをはじめ皆さまのお力添えなくしてここまではできなかったと思います。本当にありがとうございました。
これは心ばかりの気持ちでございます。どうぞお受け取りください。
これからもよろしくお願いいたします。

●おかげさまで、主人の葬儀を無事終えることができました。田中さんには車や人の出入りなどで、いろいろとご迷惑をおかけしました。
これはほんのお礼の気持ちです。どうぞお納めください。
今後ともよろしくお願いいたします。

◆葬儀は気が付かないうちに、近所に対して迷惑をかけていますので、近所へのあいさつは必ずします。

学校へ

●先日は、お寒い中をお運びいただきまして、ありがとうございます。短い間ではございましたが、先生をはじめ、皆さまには大変お世話になりました。たくさんの思い出を作っていただきましたこと、心より感謝いたします。ありがとうございました。

◆クラス担任と部活動顧問の先生方へは、それぞれにお礼に行くようにしたほうがていねいです。

医師へ

●おかげさまで、先日無事、中本の葬儀を終えることができました。二か月にわたる入院中は、先生をはじめ、看護師の皆さまに、大変お世話になりました。皆さまのご尽力にあらためて感謝いたしております。本当にありがとうございました。

◆感謝やお礼とともに、故人も精いっぱい生き、悔いはなかったことなどを伝えるとよいでしょう。

法要でのあいさつ

法要とは

葬儀・告別式を終えた後の故人の供養を法要といいます。仏教では、亡くなった人は七日目ごとに審判を受け、死後四十九日目に極楽行きか地獄行きかが決められるといわれます。

遺族は、亡くなった人が仏として成仏するとされる忌明けの四十九日まで、七日ごとに法要を営みます。初七日《しょなぬか》は亡くなってから文字どおり七日目で、以降十四日目を二七日《ふたなぬか》、二十一日目を三七日《みなぬか》、二十八日目を四七日《よなぬか》、三十五日を五七日《ごなぬか》、四十二日目を六七日《むなぬか》、四十九日目を七七日《なななぬか》と呼びます。

このうち、**重要とされる初七日、七七日（四十九日）は僧侶を呼んで正式な法要を行います。それ以外は、身内だけで供養する場合が多いようです。**また最近では、初七日法要を葬儀の日の骨上《こつあ》げの後に合わせて行うケースも増えています。

忌明け後は百か日、新盆、そして一周忌、三回忌、七回忌といった年忌法要が続きます。

法要は親類や僧侶に相談しながら決めます。法要を行う忌日は亡くなった日を入れて数えますが、出席者の都合を考えて、直前の休日に行うのが一般的です。場所は自宅もしくは施設を借りて行い、法要後は精進料理などの食事を出します。

また、招待者には引き出物を用意します。三千円から五千円ぐらいの日用品や商品券が多いようです。案内状は身内にも出すのが礼儀。先方の予定もありますので、ひと月前には出しましょう。

あいさつの心得

法要のあいさつは、法要が終わり、もてなしの宴が始まるときにする場合が一般的です。通夜・告別式でのあいさつが故人の生前の話を軸にまとめるのに対し、**法要では時間が流れるにしたがい、遺族の葬儀からこれまでのことが話の中心になっていきます。**また、葬儀から日の浅い法要では、葬儀の際、十分できなかったお礼や、不備をわびておきます。また、宴の終わりには、簡単なお開きのあいさつを行います。

告別式の際は、マイクを使用してあいさつすることが多いのですが、法要は規模がこれよりは小さいので、直接参列者の前で行うことが多いでしょう。**マイクを使用しない分、大きな声ではっきりと話すようにします。**人数がさほど多くなくても、小さな声は禁物です。

あいさつの構成

あいさつとお礼
- 法要への参列に対するお礼とともに、通夜や告別式でいろいろお世話になったこと、気づかいをいただいたことに対しても、感謝の気持ちを述べます。
- 四十九日法要なのか、一周忌なのかなど、どの法要にあたるかを最初に述べましょう。

遺族の思い
- 葬儀後の遺族のようすを伝えます。ただし、参列者を心配させるような表現は避けましょう。
- 葬儀のときには伝えられなかった遺族の気持ちや故人の人柄を述べてもかまいません。

決意とお願い
- 遺族の今後の決意や、変わらぬ支援などをお願いします。

結び
- 宴席の案内、ともに故人の思い出などを語りたいことなどを告げます。
- 最後は出席者へのお礼で締めくくります。

初七日法要でのあいさつ

施主のあいさつ

本日はお暑い中、妻、瑞穂の初七日にお運びいただき、まことにありがとうございます。また皆さまには、先日の葬儀の折にも温かなお心づかいをいただきました。謹んでお礼申し上げます。

まだ日の浅いこともあってなかなか気持ちの整理がついておりませんが、こうしてお集まりいただいた皆さまのお顔を拝見いたしますと、心が和みます。葬儀当初は、なにか現実離れした、別の世界での出来事のように感じられました。しかし、日がたつにつれ、少しずつではありますが、瑞穂が逝ってしまったという現実を受け入れられるようになりました。

本日の初七日法要まで、皆さまにはいろいろご心配をおかけしました。また何かにつけてお気づかいいただきましたこと、心より感謝いたします。

1 お礼 / 2 遺族の思い / 3 感謝

あいさつ：施主 夫
故人：妻
1分50秒

ポイント
親類や親しい人たちは、葬儀後どのように遺族が暮らしているかを心配しているはずです。嘆くばかりではなく、少しでも元気になったようすを伝えるとよいでしょう。

いつまでも悔やんでばかりはいられません。これからは、娘夫婦や孫たちに迷惑ばかりかけず、瑞穂の分まで精いっぱい生きていくことが供養ではないかと思っております。

どうぞ皆さま、これからも私どもを瑞穂の生前同様に、ご指導、ご鞭撻くださいますよう、お願い申し上げます。

本日は、本当にありがとうございました。

4 決意　**5** 結び

ポイント　決意を語ることは、自分の決心をより強く固めることにもつながります。

役立つ

葬儀メモ

◉喪について

仏式では四十九日、神道では五十日までが忌中とされ、それを過ぎると忌明けということになり、あいさつ状とともに香典返しを送ることが習わしとなっています。

キリスト教の場合は忌明けという概念はありませんが、一か月を過ぎてからお返しをします。

また、亡くなってから一年間を喪中といい、公的な場所や慶事への出席はしないほうがよいとされています。しかし、現代では、これは必ずというわけではありませんので、状況を判断して対処すればよいでしょう。

年賀状も出すのは控え、代わりに年内に届くように喪中を知らせる年賀欠礼状を出します。

葬儀後に引き続いて行われる場合

あいさつ
施主 息子

故人
父

1分30秒

本日はお忙しい中、父、吉岡泰三のためにご参列いただき、ありがとうございました。おかげさまで葬儀・告別式に続き、遺骨迎えの儀、ならびに初七日法要を無事執り行うことができました。

皆さまにおかれましては、まことに長時間にわたってお付き合いくださいましたこと、遺族を代表いたしまして、謹んでお礼申し上げます。故人もさぞ感謝していることと存じます。

また、ご住職さまをはじめ、世話役の九重さま、斉藤さま、鴨居さま、皆さまには表だったことから裏方に至ることまで、すっかりお世話になりました。あらためて厚くお礼申し上げます。

何もおもてなしできませんが、ささやかな酒宴を用意いたしました。少しでもお疲れをいやしていただければ、故人も救われると思います。どうぞごゆるりとお過ごしくださいませ。

また、心ばかりの品も用意してございます。お帰りの際にお持

1 あいさつ　2 お礼　3 結び

ポイント

最近では、葬儀後に初七日を執り行うことが多くなってきています。このような場合は参列者に長時間お付き合いいただくわけですから、そのことへのお礼を述べるようにしましょう。なお、法要では喪主と呼ばず、施主という表現に変わります。

ちくださいませ。本日は、まことにありがとうございました。

施主のお開きのあいさつ

皆さま、本日は故、中井圭介の初七日法要にたくさんお運びいただき、まことにありがとうございました。

こうして皆さまのお話をうかがうたびに、私どもの知らない故人の人となりを知ることができ、あらためて感じ入っております。

もうしばらくこうして過ごして参りたいのですが、そろそろお開きの時間となりました。また、皆さまと故人の思い出話ができればと存じます。お手もとに心ばかりの品を用意してございます。どうぞお持ちくださいませ。

本日は、本当にありがとうございました。

1 あいさつ　2 お礼　3 結び

あいさつ 施主 息子

故人 父

50秒

ポイント

初七日に引き出物を用意した場合は、その案内をするようにしましょう。

四十九日法要でのあいさつ

納骨を同時に行う場合のあいさつ

あいさつ
施主 息子

故人
母

1分50秒

本日は、母、安岡理恵子の四十九日法要に、お忙しい中、ご参列いただきまして、ありがとうございました。また、おかげさまをもちまして、納骨の儀を終えることができました。

皆さまにおかれましては、先日の葬儀の際には、なにかとお世話してくださいましたこと、謹んでお礼申し上げます。

葬儀当日は、非常に慌ただしく、悲しむ間もなく時間が過ぎてしまいましたが、しばらくたちますと、なにか心の中にぽっかり穴が空いたような、いい知れない寂しさにとらわれました。その間、皆さまからは温かい励ましをたくさんちょうだいいたしました。本当にありがとうございました。母も安心して成仏したことと存じます。

1 あいさつ　**2** お礼　**3** 遺族の思い

ポイント
「葬儀におきましては、お忙しい中ご参列いただき、また本日は四十九日法要にご出席いただきまして、まことにありがとうございます」などのように、葬儀への参列のお礼を、一文でまとめて簡潔に述べるのもよいでしょう。

ポイント
遺族の思いを語るときは、内容があまり暗くなりすぎないよう注意が必要です。

父と母の眠る、ここ富士見台霊園の近くには、ツツジや八重桜、また秋の紅葉が美しいことで知られる青葉山がございます。季節の折にでも、お立ち寄りいただけると、故人も喜ぶと思います。

ささやかですが、忌明《きあ》けの膳をご用意いたしました。どうぞごゆるりとお過ごしください。また、心ばかりの品もご用意させていただきました。お帰りの際にお持ちください。本日は、まことにありがとうございました。

4 お願い

5 案内

ポイント

法要の際に用意する膳の言い方には、次のようなものがあります。粗餐《そさん》／酒肴《しゅこう》／お斎《とき》の席

実例1

四十九日

故人への思いを込めたあいさつ

あいさつ 施主 夫

故人 妻

1分30秒

四十九日の法要に際しまして、ひと言ごあいさつを申し上げます。

早いもので、妻が逝ってからひと月以上もたってしまいました。落ち着きましたら、少しずつ遺品を整理していきたいと思っておりましたが、一つ取り出しては、これはあの時の、これはあの時のものと次々思い出がよみがえり、今日に至ってしまいました。

元気でいたときにはさほど感じなかった妻のありがたさを、今さらながら思い知らされています。こんな私を見てきっと妻は笑っていることでしょう。

皆さまには、通夜から葬儀、そして葬儀を終えてからも、なにかとお世話になりながらも、ろくなあいさつすらできないありさまでした。深くおわびいたしますと同時に、皆さまのお力添えにあらためてお礼申し上げます。

お忙しい中、せっかくお運びいただきましたのに、たいしたご用意もできませんでした。お口汚しですが、忌明《きあ》けの粗餐《そさん》をご用意させていただきました。召し上がっていただければ、妻もきっと喜ぶと存じます。

本日は、本当にありがとうございました。

実例2

四十九日

親族代表のあいさつ

あいさつ 親族代表 弟
故人 兄
1分30秒

故人の弟で田島洋次と申します。親族を代表いたしまして、ひと言ごあいさつを申し上げます。

本日は四十九日、忌明けの日であります。皆さまにおかれましては、葬儀・告別式から本日の納骨の儀に至るまで、なにかとお力添えをくださいまして、ありがとう存じます。おかげさまをもちまして、忌明けの法要・納骨の儀を滞りなく済ませることができました。

四十九日は仏教では霊から仏となる日だそうで、亡くなった人は皆、閻魔さまの審判を受けるのだそうです。その審判で極楽浄土か地獄行きが決まるとのことです。生前の故人は、いささか破天荒なところがありましたが、このように生前お世話になった皆さまにお集まりいただいたことで、閻魔さまも故人の人柄を斟酌《しんしゃく》し、きっと極楽へと向かうことができたと思います。

こちらにささやかではございますが、お膳を用意させていただきました。どうぞそんな故人の思い出などを語っていただきながら、召し上がっていただければと存じます。

年忌法要でのあいさつ

施主のあいさつ（一周忌）

本日は、お忙しいところ、父、田中圭太の一周忌法要に多数おいでいただきまして、ありがとうございました。皆さまにおかれましては、葬儀・告別式をはじめ四十九日法要に至るまで数々のお力添えをくださいましたこと、あらためてお礼申し上げます。

父が亡くなってからのこの一年は、父の遺志を継ぎ、家業に必死の思いで取り組む毎日でございました。

こうしてまがりなりにも一周忌法要を無事営むことができましたのは、何事につけ、いたらぬ私どもに父の生前と変わらぬご厚情を差し向けていただき、ご助力賜りました皆さまのおかげでございます。心より深く感謝いたしております。

本日は、ささやかではございますが、粗餐《そさん》をご用意させていただきました。しばしごゆるりとお過ごしいただければと存じます。

1 お礼　2 遺族のようす　3 案内

あいさつ：施主 息子
故人：父
1分10秒

ポイント
葬儀に足を運んでくれたことへの感謝を表します。一周忌までの法要に集まってもらったのであれば、そのお礼も述べます。

ポイント
故人の仕事を引き継いでからの、新たな業績などを盛り込みます。ただし、尊大にならず謙虚な姿勢で述べるようにしましょう。「故人のおかげ」、「皆さまのおかげ」といった表現を使います。

親族のみを招いた場合のあいさつ(一周忌)

あいさつ 施主 娘

故人 母

1分10秒

お久しぶりでございます。お暑い中、ようこそおいでいただきました。本日は、母、千代子が亡くなりましてからちょうど一年にあたります。

人さまに無用な心配や迷惑をかけない、というのがモットーの母でしたから、一周忌法要はごく内輪でいたすことにしました。

体調を崩しました晩年も、心配するから誰にも言うなと、入院するぎりぎりまで、明るく立ち居振る舞っておりました。母は強し、とつねづね思っておりましたが、やはり鉄の女でありました。そんな母を今でも誇らしく思い出します。

湿っぽい話は母には似合いません。今日は一つ、陽気に供養いたしましょう。母の好きだった吟醸酒も用意しました。ゆっくり過ごしてください。本日は、ありがとうございました。

1 あいさつ　2 故人への思い　3 結び

ポイント 親族のみで行うことにした理由を簡単に述べます。

実例1

一周忌

遠方からの参列者が多い場合

あいさつ
施主
妻

故人
夫

1分50秒

本日は遠いところ、たくさんの皆さまにお運びいただき、まことにありがとう存じます。

ご多忙の皆さまを何度もお呼びするのはご迷惑とも思い、内輪でささやかに済ますつもりでございましたが、にぎやかなことの好きだった夫を思いますと、それも忍びないと思いまして、皆さまのご都合も考えず、ご案内を差し上げた次第です。こうして夫の大好きだった皆さまにお越しいただき、故人もとても満足していると思います。あらためてお礼申し上げます。

月日は、年を追うごとにだんだん短くなると申しますが、私どもにとってこの一年はまさにそうでした。夫を見送ってからしばらくは、虚脱感で何も手につかない状態が続いておりましたが、ここに来てようやく、本来の自分を取り戻せたような気がしております。皆さまには、この間たくさんの励ましをいただきました。温かいお心づかい、痛み入ります。

皆さま、遠いところをお越しいただき、さぞお疲れのことと存じます。たいしたおもてなしもできませんが、心ばかりの席を用意させていただきました。ごゆっくりと召し上がっていただければ、幸いです。また、お帰りの際には、駅までお車を手配いたしております。どうぞ心おきなくお過ごしください。

実例2

一周忌

親族代表のあいさつ

あいさつ 親族代表 甥
故人 叔父
1分10秒

皆さま、本日は香田保の一周忌法要にお運びいただきまして、ありがとう存じます。故人の甥にあたります、増川高志と申します。親族を代表いたしまして、ひと言ごあいさつ申し上げます。

叔父がこの世を去ってから、ちょうど本日で一年になります。叔父を失ったあと、叔母は高齢のこともあり、寝込むようになりました。現在は施設での生活を送っております。しかし、ここ二、三か月でようやく落ち着いたようで、元気を取り戻し、本日の法要にも出席することができました。

このようにたくさんの方にお集まりいただいたことを、叔母も大変喜んでおります。格別のことはできませんが、酒肴《しゅこう》を用意しましたので、叔母とともに叔父の思い出話などをしていただけたらと存じます。

実例3

三回忌

故人への思いを込めたあいさつ

あいさつ 施主 息子

故人 母

1分30秒

本日はお忙しいところ、母、横井佐和子の三回忌にお越しいただきましてありがとうございます。おかげさまをもちまして、無事三回忌法要を終えることができました。ありがとう存じます。

あれから二年。もう二年もたってしまったのか、いやそんなものかと今日を迎えるにあたりぼんやり考えておりました。

晩年の母は好奇心旺盛で、あちこちに旅行に行き、第二の青春を謳歌しているかのようでした。母のアルバムを整理しておりましたら、旅行仲間の皆さまに囲まれてうれしそうに微笑む写真がたくさん出てきました。

近くにいながらめったに顔を見せることもしない親不孝者でしたが、いなくなってしまいますと、元気でいる間に、あそこにもここにも連れて行ってやればよかったと悔いが残りました。今はあの世で再会した父と、仲良く旅でもしているのではないかと思います。

本日は、生前仲良くしていただきました旅行仲間の皆さまにも来ていただき、母も喜んでいることと思います。しばし、母の思い出を語っていただければと存じます。

実例4

七回忌

遺族のようすを振り返るあいさつ

あいさつ 施主 夫
故人 妻
1分40秒

皆さま、お久しぶりでございます。本日はお暑い中、遠方よりわざわざお運びくださいまして、ありがとうございました。妻が亡くなりましてから、六年の月日がたちますのに、皆さまには変わらぬご厚情を賜り続け、本当に感謝いたしております。

当時高校生だった長女も、いっぱしの社会人として、忙しくさせていただいております。妻が亡くなった後は、この長女が家事を引き受け、長男や私の面倒も見てくれました。また、声変わり前だった長男も今春大学に合格し、新しい一歩を歩み始めました。ようやく肩の荷がおりた感があります。私もいつのまにか五十路に入り、昨年は新しい会社に転じました。髪こそは白くなりましたが、気持ちは新入社員のつもりで取り組んでいます。妻だけがあのときのまま、年を取らずにいるのかと思うと、最近はしゃくに思えてくるときすらもあります。

来年は妻との銀婚式の年を迎えます。妻は出席できませんが、子どもとともに静かに祝うつもりでおります。

せっかくおいでいただきましたのに、たいしたご用意はできませんでしたが、しばし妻をしのんでいただければと存じます。

キリスト教式・神式でのあいさつ

あいさつの心得と構成

キリスト教では死によって永遠の命を授かるといわれています。また、神式の場合も故人の霊が家の守護神になる祭りとの考えから、仏式とは違った儀式の流れになります。

本来キリスト教式には仏式での通夜にあたるものはありません。しかし、日本の風習を取り入れて行うことも多く、カトリックでは通夜祭、プロテスタントでは前夜祭がこれにあたります。通夜ぶるまいにあたるものは、茶菓子か食事を用意するだけで、簡単に済ませることが一般的です。**喪家《そうか》のあいさつは、カトリックでは告別式、プロテスタントでは葬儀ミサの中で行われます。**

神式の場合は、通夜祭、遷霊祭、葬場祭、出棺祭と続きます。**喪主または遺族代表のあいさつは、葬場祭の後か霊柩車を見送る出棺祭にて行います。**

ポイント

〈キリスト教式〉

■司祭、神父、牧師が実質的な進行役を務め、故人の経歴や生前の人柄を述べます。

■喪家のあいさつは会葬者へのお礼が主となります。キリスト教式でのことばに注意しましょう。

〈神式〉

■あいさつの構成や内容は仏式と同じですが、神式ならではのことばの使い方がありますので、注意が必要です。

Point

キリスト教式・神式での特有のことば

キリスト教、神道の葬儀の場合、それぞれ特有のことばづかいがあります。信仰に基づいているものですから、失礼のないよう気をつけたいものです。

◎キリスト教

・死を表すことば
召天／帰天／神の御元に帰る／永遠の安息を得る
・聖職者
神父（カトリック）／牧師（プロテスタント）
・遺族に対するあいさつのことばの例
「お知らせいただきましてありがとうございました。お別れにうかがいました」
・使ってはならないことば
成仏、冥福、供養、冥土などの仏教語／ご愁傷さま（キリスト教では、死は神の国で永遠の命を得ることであるから悲しむべきこととされない）

◎神道

・死を表すことば
帰幽／御霊《みたま》となる／産土神《うぶすながみ》の森に帰る／神の御座《みくら》にすわる／守護神となる
・神職者
神官／神主／特に葬儀を司る神主は斎主
・仏教の位牌にあたるもの
霊璽《れいじ》
・遺族に対するあいさつのことばの例
御霊安らかにとお祈りいたします。
・使ってはならないことば
成仏、冥福、供養、冥土などの仏教語

◎キリスト教・神道どちらに使ってもさしつかえないことば

他界／永別／逝去／ご霊前／「安らかなお眠りをお祈りします」「御霊安らかにとお祈りいたします」

◎キリスト教式・神式　喪主のあいさつ

キリスト教式でのあいさつ

あいさつ：喪主 息子
故人：母
1分10秒

1 あいさつ

皆さま、本日はご多用中にもかかわらず、母、マリア仲代美智子のためにお集まりいただきありがとうございました。また、心のこもったお祈りをいただきましたこと、厚くお礼申し上げます。故人もきっと喜んでいると存じます。

2 故人への思い

前向きに治療を受け入れ、病魔と戦う母の姿には、私たちが逆に励まされる思いでした。病床においても人間としての尊厳を失わず、精いっぱい生きたことをたたえてあげたいと思います。

3 結び

死による別れはいつの世も悲しいことではありますが、今こうして神父（牧師）さまをはじめ、皆さまに見守られ、苦しみから解き放たれ、神の御許《みもと》に昇ったと存じます。皆さま、本日は、ありがとうございました。

ポイント
洗礼名があるときには、その名を使うようにします。

ポイント
キリスト教では神の御《み》国《くに》での再会の教えがあります。家族の死はつらいことですが、その教えを心にあいさつを述べましょう。

神式でのあいさつ

あいさつ 喪主 妻
故人 夫
1分20秒

本日はご多用の折、夫、友田勝夫の葬場祭にご臨席いただき、ありがとうございました。故人も皆さまのご厚誼《こうぎ》に感謝していることと存じます。また、生前は皆さまにひとかたならぬご厚情をいただきましたこと、故人に代わり厚くお礼申し上げます。

1 お礼

ポイント
神式の場合は、お礼の構成など仏式と変わりません。

主人は入院中、一人娘の恵美のことを何よりも気にかけ、病状が悪化した後も、恵美を不安にさせまいと、無理して起きては冗談を言ったり、話をしたりしていました。最期まで優しく、そして強い父親でいてくれました。

2 人柄

まだ四十歳という年齢でしたので未練もあったと思いますが、今は祖先の霊とともに私どもを見守っていてくれると存じます。皆さまにはこれからも変わらぬお付き合いをお願いいたしまして、簡単でございますが、ごあいさつとさせていただきます。

3 結び

ポイント
神式葬では故人の霊は家の守護神、氏神となりますので、それを踏まえたあいさつにします。

キリスト教式・神式　葬儀後のお礼のあいさつ

神父・牧師へ

●このたびの葬儀では、いろいろお世話になりました。神父（牧師）さまのおかげで、滞りなく葬儀を終えることができました。ありがとうございました。
これは心ばかりのお礼です。どうぞお納めください。

また、追悼ミサ（記念式）の折にはお世話になりますが、なにとぞよろしくお願い申し上げます。

神官へ

●このたびは大変お世話になり、ありがとうございました。おかげさまで、無事葬儀も終了いたしまして、故人も安らかな眠りにつくことができたと思います。
お礼の気持ちです。些少《さしょう》ですが、お納めいただければ幸いです。
また、霊祭《れいさい》につきましては後日、ご相談させていただきたいと

◆キリスト教式の葬儀での謝礼は、教会への献金という形にする習慣ですので、表書きは「召天記念献金」「感謝献金」「お花料」などとします。また、神父、牧師あるいはオルガン奏者への個人的謝礼を別に用意する場合は、「御礼」とするのがよいでしょう。

◆神式の場合の謝礼の表書きは、「御礼」「御神饌料《ごしんせんりょう》」「志」などです。

存じます。よろしくお願い申し上げます。

役立つ
葬儀メモ

◉仏式以外の法要

神式での仏式の法要にあたるものを霊祭といいます。この霊祭は亡くなってから十日ごとに五十日目まで行われ、その後百日目となります。仏式の初七日にあたるのが、十日祭、そして四十九日にあたるのが五十日祭となり、このときをもって忌明《きあ》けとなります。

一年目に一年祭を執り行った後は、大きな法要は十年祭、二十年祭となります。

法要は神官によって営まれますが、その後の会食、参列者などは、仏式のものとあまり変わりません。

一方、キリスト教では仏式の法要とは違いますが、追悼ミサや召天記念式などが行われます。

社葬・団体葬でのあいさつ

社葬・団体葬とは

社葬・団体葬は、会社や団体などで大きな功績を残し、重要な地位にあった故人の死を悼んで行うものです。

葬儀の流れ自体は、個人葬と変わりありませんが、**規模が大きく、参列者の範囲も広がり、公的な性格が出てきます。**社葬あるいは団体葬を行うかどうかは組織内で図られ、決定するとまず葬儀委員会が組織されます。その際、喪家《そうか》側の代表となるのが葬儀委員長です。

一般に社葬や団体葬が決まると、まず身内とごく近しい人で密葬が行われます。その後本葬として社葬・団体葬が執り行われます。

あいさつの心得

密葬までは親族が取りしきるため、通夜では喪主や親族代表があいさつに立ちます。ただし、故人の社会的地位などで弔問客が多い場合などは、葬儀委員長があいさつに立つことがあります。

社葬・団体葬では、葬儀委員長が必ずあいさつを述べます。あいさつの内容は、個人葬のものとあまり変わりませんが、**対外的に公の意味合いが強くなりますので、団体の代表として恥じないあいさつを心がけましょう。**

喪家側があいさつをする場合は、故人が生前会社にお世話になったことや、盛大な葬儀を営んでくれたことへのお礼などを述べます。

あいさつの構成

あいさつ
- 組織、団体の代表として、参列の方々へのお礼を述べます。
- 差し障りのない程度で死因や臨終のようなどを報告することもあります。

故人の経歴、業績
- 経歴、業績については、所属団体などに確認をとるなどの裏付け調査が必要です。

故人の人柄
- 業績にからめた人柄の紹介になりますが、冗長にならないように気を付けましょう。

今後の決意
- 故人の遺志をくんだ今後の決意を述べるのも大切です。

結び
- 今後の支援をお願いし、再度参列へのお礼で締めくくります。

役立つ 葬儀メモ

◉葬儀委員長の決め方

葬儀委員長は、生前から故人と親しく、社会的地位のある人がなります。葬儀準備の進行にも影響するので、故人の訃報後、迅速に選ぶことが大切です。

通常、社葬や団体葬の場合、その団体の最高責任者が選ばれます。例えば、故人が会社の会長、相談役であったときは社長か副社長、社長が故人ならば副社長や専務などの次期後継者と目される人物が委員長となります。

そのほか、社外の人で業界団体の理事長などの重鎮、政治家などがなる場合もあります。

いずれにせよ、まず喪主側との意向の一致を図ったうえで、先方に依頼するようにします。また、先方の都合もあることなので、複数の候補を立てておくことも大切なことです。

社葬・団体葬　通夜での葬儀委員長のあいさつ

あいさつ　葬儀委員長　理事長

故人　学園長

2分10秒

葬儀委員長のあいさつ

葬儀委員長として、ひと言ごあいさつ申し上げます。皆さま、本日はご多用の中、学校法人康生学園学園長、故、眉山英二殿の通夜にご弔問いただき、ありがとうございます。遺族に代わりまして、心よりお礼申し上げます。

1 あいさつ

ポイント　葬儀委員長としてあいさつを述べるときに、故人と自分の関係を簡単に紹介したひと言を入れてもよいでしょう。

故人は昨年末より体の不調を訴えられ、中央医科大学付属病院にて療養中でしたが、三月二十一日、逝去されました。七十九歳でした。

2 報告

眉山学園長は学校法人康生学園の創立者として、その生涯を教育にささげてこられました。創立時に掲げられました人間主義という建学精神は、三十五年を経た現在も、色あせることなく脈々と受け継がれております。

3 経歴

ポイント　故人の業績をたたえる気持ちで、経歴を簡単に紹介することもあります。

4 お礼

皆さまには、生前賜りましたお力添えとご厚誼《こうぎ》に、あらためて感謝いたします。故人になり代わり、お礼申し上げますとともに、今後も変わらぬご厚情とご支援を、ご遺族、ならびに康生学園に賜りますよう、お願い申し上げる次第です。

5 結び

ささやかではございますが、酒肴《しゅこう》を用意しております。どうぞゆっくり故人をしのんでいただきたいと存じます。

なお、葬儀・告別式は明日、二十四日午前十一時より当所にて執り行う予定でございます。ご都合がよろしければ、ご会葬いただきますようお願い申し上げます。本日は、まことにありがとうございました。

故人の業績をたたえるあいさつ

あいさつ
葬儀委員長
社員代表

故人
社長

3分

本日はご多用中のところ、株式会社大阪物産代表取締役社長、故、山田正一殿の通夜にご弔問いただきまして、まことにありがとうございました。私は葬儀委員長の林貴哉と申します。ご遺族、ご親族の方々になり代わりまして、厚くお礼申し上げます。

山田社長は、この春先より青木記念病院で療養中でありましたが、五月十二日に容態が急変し、翌十三日五時二分、ご家族の見守られる中、逝去されました。享年七十五歳でございました。故人に代わりまして、皆さまの生前のご厚誼《こうぎ》に深く感謝いたします。

山田社長は、北山大学を卒業後、アメリカのシカゴ工科大学で人工知能の研究をされておられましたが、先代社長の強い意向を受け、三十八歳のときに入社いたしましたという異色の経歴の方でした。

以来、社長は、ユニークかつ鋭いセンスで新規事業部門を率いら

1 あいさつ

ポイント
喪主のあいさつがない場合は「遺族に代わりまして」と必ず付け加えましょう。
喪主のあいさつがある場合は葬儀委員長のあいさつに「遺族に代わりまして」ということばはいりません。

2 報告

3 経歴

ポイント
通夜でのあいさつなので、簡単なものにする場合は、無理に故人の経歴にふれる必要はありません。

れ、社業の発展に貢献されました。特にアジア地域への事業拡大は、その後目覚ましい発展を遂げ、現在、わが社の柱ともいえる事業にまでなりました。十年前に社長に就任してからも着実に実績を築いてこられ、その多大な功績は、大阪物産のみならず財界全般にもわたるものであることは、皆さまもご承知のことと存じます。

4 業績

山田社長を失ったことは大阪物産にとってあまりにも大きな痛手であります。しかしながら、私ども社員一同は、少しでも早くこのショックから立ち直り、社長が築かれた実績を汚すことのないよう、邁進《まいしん》していくことが供養になると思っております。

5 決意

なお、明日の本葬は午前九時三十分より、芝の善功寺において社葬を執り行います。ご多忙のおり、恐縮ではございますが、皆さまのご助力のほどよろしくお願い申し上げます。

別室に心ばかりのお食事をご用意してございますので、ごゆっくりお召し上がりください。本日はありがとうございました。

6 結び

ポイント
社員が葬儀委員長を務める場合、今後の社業の発展に尽くす決意を語るのが通例です。

社葬・団体葬　葬儀委員長のあいさつ

一般的なあいさつ

葬儀委員長として、ひと言ごあいさつ申し上げます。

皆さま本日は、お忙しい中、株式会社東亜工業会長、故、広田雅紀氏の葬儀にご参列を賜りまして、ありがとうございます。また先ほどよりお心のこもったおことばを多数ちょうだいいたしまして、ご遺族ならびに社を代表いたしましてお礼申し上げます。

申し遅れましたが、私は、東亜工業の代表取締役社長であります佐藤政文と申します。

広田会長は入社以来、四十五年の長きにわたり、当社の発展のために尽くされました。営業部ひと筋に、その辣腕《らつわん》ぶりを発揮され、営業部長時代は、大胆な方針で営業成績を飛躍的に伸ばされました。平成三年に前任の松田稜之社長の後を受け、社長に就任。そして平成八年に会長に就かれた後は社業の発展のみならず、業界、そして日本経済発展のために力を尽くされました。

1 あいさつ

ポイント
遺族のあいさつが別にある場合は、会社の代表としての立場であいさつを述べ、「ご遺族に代わりまして」のことばはいりません。

2 経歴

ポイント
社葬は、会社に特に功績のあった故人のために行うものです。必ず故人の経歴を紹介しつつ、その業績を顕彰します。

あいさつ：葬儀委員長 社長
故人：会長
3分

その足跡をたどりますれば、まさに情熱と信念の人と申すべきでありましょう。広田会長のおことばは実に力強く、つねにわれわれに正しい方向性を与えてくれました。日本経済は依然混沌とした闇の中です。このような時代にこそ、広田会長の慧眼《けいがん》にお頼りしたいのに、実に残念でございます。

しかし、嘆いてばかりもおれません。残された社員一同、広田会長からお教えいただいた企業人としての誇りを胸に宿し、日々邁進《まいしん》していく所存です。それこそが広田会長に向けてのなによりのはなむけであると信じております。

どうぞ皆さま、今後とも変わらぬご指導、ご鞭撻を賜りますよう、お願い申し上げる次第です。そして、ご遺族の方にも変わらぬご厚誼《こうぎ》を賜りますようお願い申し上げて、お別れのごあいさつとさせていただきます。本日はありがとうございました。

3 人柄

ポイント　経歴や業績を述べるだけでなく、故人の人柄もたたえます。

4 今後の決意

ポイント　故人の業績の継承と後に残ったものの決意を表明し、故人への鎮魂のことばとします。

5 結び

ポイント　社と遺族への今後の支援をお願いして結びます。

団体葬における遺族のあいさつ

ひと言ごあいさつ申し上げます。皆さま、本日は父、柏崎雄介のためにお運びいただき、まことにありがとう存じます。このように盛大でかつしめやかな葬儀・告別式にしていただき、父もきっと感謝していると思います。父に代わりまして、厚くお礼申し上げます。

申し遅れましたが、私は故人の長男で柏崎洋之と申します。

父は去る九月二十一日、午前二時十五分、かねてより入院中の岡本総合病院にて、逝去いたしました。六十五歳でした。入院中はたくさんの方々にお見舞いしていただき、ありがとうございました。余命一か月といわれた父が、三か月もがんばってこられたのは、皆さまの心温まる励ましがあったからこそでございます。

父は、財団法人木材振興協会の前身であります、木材供給振興協議会の発足と同時に協会運営に参加させていただきました。以

2 報告

1 あいさつ

あいさつ
遺族代表
息子

故人
理事長

2分30秒

ポイント
社葬・団体葬での遺族のあいさつでは、盛大な式への感謝を盛り込みましょう。

来、四十年にわたって優れた木材の育成振興のために、微力ながら尽くして参ったわけでございますが、ご承知のとおり、ひところに比べ、いい木材を取り巻く環境は厳しいものとなっております。父はいつも、「木を、山を守りたい。日本は山が美しい国だからな」と繰り返し申しておりました。

財団の方々のお力により、このような父の遺志が引き継がれ、美しい木、山々を誇れる環境が守られていくことを願ってやみません。ここに生前賜りました皆さまのご厚誼《こうぎ》に感謝いたしますとともに、財団のますますのご活躍を願いまして、ごあいさつとさせていただきます。

皆さま、本日はまことにありがとうございました。

3 経歴

ポイント 故人の生前のことばを紹介して人柄を語りますが、団体に関するものを取り上げるとよいでしょう。

4 結び

ポイント 団体へのお願いと感謝で締めくくります。

追悼会・慰霊祭でのあいさつ

あいさつの心得と構成

追悼会・慰霊祭には複数の故人をしのぶ合同慰霊祭や、個人のみをしのぶものなど、さまざまなケースがあります。いずれにしろ、遺族ではない主催者により執り行われるもので、遺族の営む年忌法要より公的な意味合いが強くなり、大がかりなものになります。

まず、**主催者が開会のあいさつに立ち、経歴や功績にふれ、故人をしのびます。**

参会者によるあいさつのほか、遺族も依頼があればあいさつをします。**遺族のあいさつでは、故人の思い出や遺族のようすを述べるとともに、追悼会・慰霊祭へのお礼を必ず添え、感謝の気持ちを表しましょう。**

また特に、合同慰霊祭では複数の故人に対してのあいさつなので、内容が個人的なものになりすぎないように注意し、すべての故人に呼びかけるものにします。

ポイント

■追悼会・慰霊祭でのあいさつは、多数の出席者の前で行うことになります。早口にならないように、落ち着いて話すようにします。

■あいさつの内容は自由ですが、故人や遺族を傷つけるような表現をしないよう注意が必要です。

■行われる追悼会や慰霊祭の持つ意味合いを理解して、あいさつの内容を決めるようにします。

役立つ

葬儀メモ

◉葬儀・法要のいろいろな形

時代の変化に伴って、伝統やしきたりにとらわれずに故人や遺族の意志をくんだセレモニーが増えてきています。

まず葬儀でここ数年人気なのが、「自然葬」です。お墓に骨を埋めるのではなく、砕いた骨を海や川、山林などにまいたりする「散骨」がその代表でしょう。

このほか、故人の趣味を全面に出した「音楽葬」といったオリジナリティあふれる葬儀など、特定の宗教に頼らない「無宗教葬」も増えています。この場合、読経や焼香は行いませんが、式次第は仏式やキリスト教式などに準じており、弔辞や献花などを行います。

また、故人らしく明るく送ってやりたいというときには、「ホテル葬」があります。線香をたかない、遺体を持ち込まないなど多少不自由はありますが、大手のシティホテルでは葬儀・法要も可能です。また、「しのぶ会」などの名称でパッケージ化もされています。

こうした自分らしさにこだわった葬儀を実現する手段として脚光を浴びているのが「葬儀の生前予約」です。これは、自分の葬儀の内容を葬儀社と契約しておき、そのときが来たら、そのとおり遂行してもらうというものです。

何から何までオリジナルにこだわらなくとも、従来の葬儀の一部を変えるだけでも、十分個性的になります。例えば葬儀につきものの白菊をカトレアに変える、骨壺を備前焼にするなど「らしさ」の演出法はいろいろあります。

◎主催者と遺族のあいさつ

主催者の一般的なあいさつ

あいさつ：主催者教え子
故人：先生
2分30秒

1 あいさつ

皆さま、本日は、中川浩三先生の追悼式に、かくもたくさんご参集いただき、ありがとうございます。私は、発起人であります関西中央大学の栗田弘でございます。

2 経緯

早いもので、先生が他界されて五年の月日がたとうとしております。ご承知のとおり、本年は先生のご専門であります歴史工学の学会が発足して、ちょうど二十年にあたる年でもあります。

3 故人の業績

先生のお仕事の内容につきましてはいまさらここで申すべくもありませんが、アジアの海洋国についての研究は、まさに先生なくしてはありえない学問でした。

歴史をより科学的に実証する学問を若いころから訴えられ、生物学の分野から転じられた異才の持ち主でもありました。その着想、情熱はわれわれが遠く及ばないほどの巨星でありました。

ポイント
追悼会には、故人とかかわりのあったいろいろな方が出席します。あいさつの中での自己紹介は必要です。

ポイント
追悼会は亡くなってから数年たった節目のときだけでなく、毎年行われる場合もあります。その際は「今年も皆さまとともに先生の思い出を語る機会を持つことができました」ということばを入れましょう。

しかし、ふだんの先生は、私のような若輩の意見も、あの子どものような目をして真剣に聞いてくださいました。そして、その意見の中に少しでも面白い発見があると「これだから人生はやめられない」と言ってにっこりされていました。先生にとりまして、学問とは、すなわち生きることそのものだったのであります。

本日は、そんな先生の偉大な足跡とお人柄をしのんで、先生と縁の深かった皆さま、ご遺族の方々をお迎えして追悼式を催しました。別室には先生の著作物や遺稿集、先生の趣味であった版画、写真の作品も展示してございます。

どうぞ、今宵は先生の思い出や、各研究会のごようすなどを心ゆくまで語り合いたいと存じます。

では、まず日本歴史工学学会会長の長田宗時先生に献杯の音頭をお願いいたしたいと存じます。

4 人柄　**5** 案内　**6** 結び

ポイント
一般的な人柄を表すことばだけでなく、具体的なエピソードなどを盛り込むと参列者の人たちもより身近に故人をしのぶことができます。

ポイント
追悼式をどういう構成にするかは、主催者のアイデア次第ですので、自由に枠にとらわれず、自由に発想しましょう。

実例1

追悼会

故人の業績をたたえるあいさつ

あいさつ 主催者 部下

故人 上司

1分40秒

本日はご多用の中、岡井部長の追悼会にお集まりいただきありがとうございます。今日は岡井部長がなくなって三回目の命日です。

部長は十年に一度出るかどうかという逸材でした。部長の名はすでに私どもが学生のころから知れわたっており、「弓岡自動車に岡井あり」とうたわれ、カーエンジニアを目ざす者にとって憧れであり、カリスマでした。特に部長が陣頭指揮を執られた、名車TXシリーズがデビューしたときには、私たちは度肝を抜かれたものです。部長のもとで働きたいがために弓岡に入社したと言ってはばかる者も少なくないほどです。

その部長が最後に手がけておられた新車「テラ」が、完成いたしました。

本日は、部長の遺作ともいえる「テラ」の完成のご報告と、ならびに何度も挫折しそうな私どもを天から導いてくださった部長に感謝の意を込め、この追悼会を催しました。

本日は部長の薫陶《くんとう》を受けた皆さんとともに、部長の思い出を語り合い、そして、この遺作の完成を祝いたいと存じます。

実例2

慰霊祭

遺族代表のお礼のあいさつ

あいさつ 遺族代表 息子
故人 父
1分50秒

本日は亡き父のために、このような盛大な慰霊祭を催しいただき、ありがとう存じます。また、多数ご参集いただきましたこと、遺族を代表いたしまして、厚くお礼申し上げます。

皆さまご承知のように、父は根っからの山男でした。特に冬山の魅力に取りつかれ、私の幼いころは冬場はほとんど家にいた記憶がありません。母の心配をよそに、山ばかりに行き、家族とともに過ごす時間の少ない父に、よく反発をしたものです。しかし、大人になるにつれ、少しずつ父の山への情熱がわかるようになりました。

父は生前よく、「山に入ったら何よりチームワークが大切だ」と言っていました。このように心温まる会を催していただき、山の仲間の友情の固さをあらためて教えられた気がします。先ほどよりお集まりいただいた方々からいろいろなお話を聞かせていただき、皆さまに巡り会えた父は、なんと幸せ者だったのだろうとつくづく思っております。

そして、本日皆さまと一緒に父をしのび、父の思い出話ができますことは、私ども遺族にとりましては大変うれしい、また貴重なひとときです。今一度心よりの感謝を述べさせていただき、遺族のあいさつとさせていただきます。ありがとうございました。

役立つ

葬儀メモ

◉会葬礼状、忌明《きあ》けの挨拶状、喪中欠礼状

葬儀の後始末として忘れてならないのが会葬者に対する書面によるあいさつです。

これには、会葬礼状、忌明けの挨拶状、喪中の年賀欠礼状の三つがあります。

◎会葬礼状

葬儀・告別式の帰りに、出口で渡すことが一般的です。弔電やお供物《くもつ》を送ってくださった人へも、会葬礼状を忘れずに送りましょう。会葬礼状は葬儀社で用意してくれるものを使うと簡単です。

◎忌明けの挨拶状

三十五日あるいは四十九日の忌明けのときに香典返しの品と一緒に送ります。

◎年賀欠礼状

身内に不幸があった年は、翌年の年賀状を出すのを差し控える旨のはがきを出します。年賀欠礼状は、十一月下旬か十二月上旬には出すようにします。

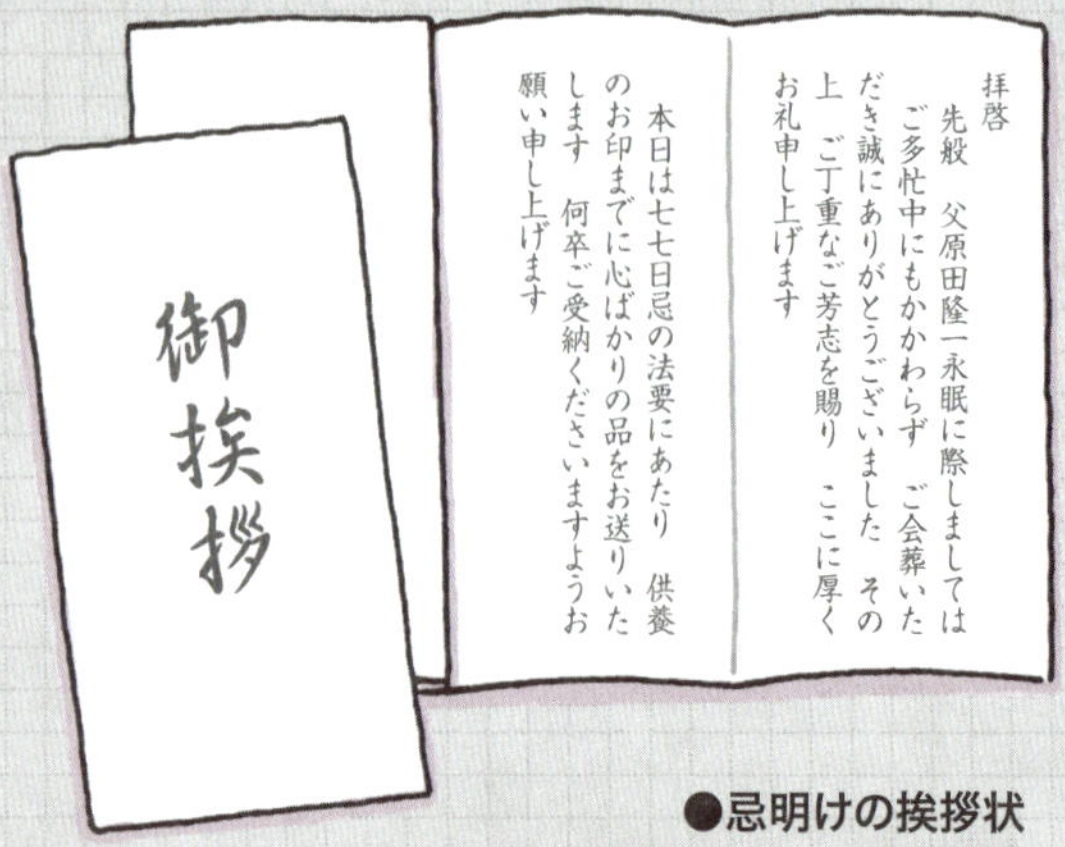
拝啓
先般　父原田隆一永眠に際しましては
ご多忙中にもかかわらず　ご会葬いた
だき誠にありがとうございました　その
上　ご丁重なご芳志を賜り　ここに厚く
お礼申し上げます
本日は七七日忌の法要にあたり　供養
のお印までに心ばかりの品をお送りいた
します　何卒ご受納くださいますようお
願い申し上げます
御挨拶

●忌明けの挨拶状

※挨拶文には句読点（「、」「。」）を入れず、代わりに一字分空けます。

第二章

会葬者のあいさつ

- お悔やみのことば
- 弔辞
- 法要
- 追悼会・慰霊祭
- お悔やみの手紙

お悔やみのことば

弔問における心得

●通夜前の弔問

訃報を聞いて駆けつける場合は、喪家《そうか》（遺族）の方もなにかと慌ただしい状態ですから、**お悔やみは玄関先で、応対に出た人に述べるようにします。**

雑用などの手伝いができる場合は、できる限り申し出るようにしましょう。手伝いができない場合や、手伝いが間に合っていると言われた場合は、「あらためて参ります」と答え、無理に残ることはしません。

また、弔問する側は、とるものもとりあえず駆けつけるわけですから、平服でもかまいません。むしろ、通夜前に喪服での弔問は、まるで用意していたようで、かえって失礼になることもありますので、注意しましょう。

香典は、通夜か告別式に持参します。

●通夜での弔問

受付でまず、お悔やみを述べます。取り次ぎの人にしか会えないときは、名前と故人との関係を述べるか、名刺があれば名刺の右肩に「謹んでお悔やみ申し上げます」と書き添え、左下を内側に折って差し出します。

死は突然で、遺族にとってはなかなか受け入れがたいものです。遺族は気持ちの整理がつかないまま、弔問客の応対や葬儀の段取りなどに追い立てられ、悲しみにくれている暇もありません。ですから、長居をして、じゃまになったり、進行を妨げるような言動は慎むべきです。

また、**故人との対面を勧められたら、できる限り受けるようにします。**

「ありがとうございます。それではお別れさせていただきます」と答え、故人の傍らでまず、焼香します。

そして、故人の枕元に座り、遺族が白布を取ってくれるのを静かに待ちます。自分で白布を取ってはいけません。

白布が上がったら、故人に話しかけてもかまいません。顔を拝見したら合掌して一礼して下がります。

故人との対面が、どうしてもつらい場合は、正直に、「生前のお姿をそのまま思い出としたいので……」などと言い、遠慮してもかまいません。

なお、故人との対面は、遺族から勧められたときのみで、弔問者の方から申し出るのはタブーです。

●通夜への弔問を迷うとき

もともと、通夜は、遺族や親しい者だけで、夜を徹して故人に付き添い、別れを惜しむといった内輪のものでしたが、最近は、告別式に準じた儀式的なものとなってきているため、通夜の方に訪れる人も多いようです。

通夜の案内を受けているのなら、なるべく弔問に出向きます。しかし、遠方であったり、人づてに訃報を聞いた場合など、通夜に行くべきか、葬儀・告別式に行くべきか迷うこともあります。その場合は、**それとなく喪家や世話役などに相談してみて、「通夜は内輪で行います」と言われたら、葬儀・告別式の方に参列するとよいでしょう。**

都合により、葬儀・告別式には参列できないというときは、通夜に参列することになりますが、焼香を済ませた後は、なるべく長居はせず、早めに引き上げるようにします。

●**通夜ぶるまいを勧められたら**

通夜ぶるまいを勧められたら、なるべく快く応じるようにします。たとえ急ぎの用事があっても、箸をつけるのが礼儀です。「ありがとうございます。おことばに甘えまして、故人をしのびたいと存じます」などとことばを添えるとよいでしょう。

勧められ、席についたら周りの人に自己紹介をしたり、故人の思い出を語ったりするのはかまいません。**長居はせず、三十分ぐらいで退席するようにしましょう。**

酒などが入るとつい興に乗じがちですが、騒いだりすることは禁物です。また、故人の中傷になるようなことばは絶対に慎みます。

通夜ぶるまいの途中で、退席するときは、もう一度焼香してから帰ります。最後に、喪主に声をかけ、「本日はこのへんで失礼させていただきます。おつらいでしょうが、どうぞお力落としのないよう」といったあいさつを述べます。

お悔やみの心得と構成

弔問の際のお悔やみのことばは、遺族の悲しみや落胆を少しでもいやし、慰めるためのものです。**心を込めて静かに、簡潔に述べるようにしましょう。**ただし、最後のことばが聞き取れないようなお悔やみでは失礼です。最後まできちんと述べるようにします。

ポイント

- 長々と思い出話などを語って、かえって遺族の方々の心を乱すようなことのないように十分注意しましょう。
- 故人との関係と名前を告げてから、お悔やみを述べるようにします。
- 代理で弔問に訪れたときは、代理であることを告げます。そして、当人が来られなかった理由を簡単に述べます。

役立つ
葬儀メモ

◉通夜に駆けつけられないとき

訃報を知らされても、出張や病気、抜けられない用事などがあって駆けつけられないときがあります。そのようなときは、まず弔電を打ったり(131ページ参照)、お悔やみの手紙を書いたりしますが(160～164ページ参照)、そのほか代理人を立てることもあります。

なお、電話でお悔やみを述べるのは、避けたほうがよいでしょう。

やむをえない事情で、電話をするときは、わざわざ喪主や遺族を電話口に呼び出すのは控え、応対に出た人にお悔やみと要件を手短に伝えます。

代理人を立てる場合は、身内から出します。弔問の際、代理人は、本人の代理であることを告げてからお悔やみのことばを述べます。代理の理由はなるべく簡単に伝えます。

記帳は、本人の名前で書き、下に小さめの字で「代」と書きます。香典を持参した場合は、本人の名前でさし出します。代理人の場合は、通夜か告別式のどちらかに出席すれば、礼にはかないます。

また、たまたま結婚式などの慶事と重なったときは、通夜か葬儀・告別式のどちらかに本人が参列できるようにすればよいでしょう。

しかし、調整ができないときは、本来は弔事を優先させることになっていますので、慶事を欠席します。とはいえ、慶弔それぞれの軽重もあります。身内の結婚式などの場合は、やむなく弔事を欠席とし、弔電を打っておきます。

欠席の理由を述べるときは、「葬儀のため」、「結婚式のため」とは言わずに、「やむをえない事情で」とおわびします。

遺族へのあいさつ

通夜前に駆けつけた場合のお悔やみ

手伝いを申し出る

●このたびは思いがけないことで、ただ驚くばかりです。悲報を聞いて、とるものもとりあえず、参った次第です。何かお手伝いできることはありませんでしょうか。遠慮なくお申し付けください。

●このたびはまことに思いがけないことでございました。心よりご冥福をお祈りいたします。近所ですのでお手伝いできることがありましたら、どうぞお申し付けください。

驚きを込めて

●本当にびっくりしました。もう、なんと申していいやら、ことばが見つかりません。

●まさかこんなことになるとは、本当に残念です。信じられない思いでいっぱいでございます。

◆とるものもとりあえず駆けつけた場合は、素直に驚きを表すとよいでしょう。

◆近所の人や親しい知人が亡くなった場合は、積極的に手伝いを申し出ます。

一般的なお悔やみ

受付で手短に

●このたびはまことにお気の毒さまでございました。気持ちばかりですが、ご霊前にお供えください。

●このたびはまことにご愁傷さまです。心よりお悔やみ申し上げます。

遺族へのいたわり・励ましを込めて

●このたびのご不幸、本当に残念でした。ご家族の方の心中をお察ししますと、慰めのことばもございません。心からお悔やみ申し上げます。

●このたびはまことにご愁傷さまでございます。亡くなられた佐々木さんの高校時代の同窓の串元と申します。今日は半信半疑で参りました。どうぞ、お気持ちをしっかりお持ちください。

●奥さまやお子さまのお気持ちはいかほどかと察するに余りありますが、どうぞご自愛ください。

◆供物《くもつ》や香典を持参したときは、霊前に供えてくれるように申し添えます。

◆故人の死因をあれこれ尋ねることは避けます。

◆遺族とあまり面識がないときは、故人との関係を手短に伝えます。

故人が若い場合のお悔やみ

●このたびは本当に残念なことでございます。まだまだお若い方でしたのに。謹んでお悔やみ申し上げます。

●このたびはまことに思いがけないことでございました。ご両親さまのご心中をお察しすると、胸がつぶれる思いがいたします。おつらいことでしょうが、どうぞお力を落とされませんように。

故人が高齢の場合のお悔やみ

●先日、傘寿のお祝いにお招きいただいた際にはお元気そうでしたので、このたびのことには本当に驚きました。いろいろお教えいただきたいことがたくさんありましたのに残念でなりません。

●お父さまには長年にわたり、大変お世話になりました。寂しくなり、本当に残念です。

◆故人が若い場合はなんともやりきれないものです。お悔やみのことばも手短にするとよいでしょう。

◆故人が高齢の場合は「大往生」といったことばを使いがちですが、弔問者が言うことばではありません。

病死の場合のお悔やみ

●このたびは思いがけないご不幸で、心からお悔やみ申し上げます。先週末におうかがいしたときは、術後の経過もよく、お元気そうでしたのに。大変残念です。なんと申し上げてよいやらことばも見つかりませんが、どうぞお心を強くお持ちください。

●このたびは、まことにご愁傷さまでございます。お悪いとはうかがっておりましたが、田中さんならきっとよくなられると信じ、陰ながら祈っておりました。おつらいとは存じますが、どうぞご自身をお責めにならないでください。

お見舞いに行けなかったおわびを込めて

●入院なさったとうかがい心にかけておりましたが、元来お元気な方でしたので、すぐ退院されるものと思っておりました。その折にはまた一緒に食事でもと楽しみにしていたのですが……。残念です。

◆病死の場合は、故人を悼むとともに、看病にあたった遺族に対しての労をねぎらうことばを添えてもいいでしょう。

急逝の場合のお悔やみ

●思いがけない事故で神林さんがお亡くなりになったと承り、駆けつけて参りました。まさかという気持ちでいっぱいです。

●突然の知らせをいただきまして、半信半疑で参った次第です。なんと申し上げてよいやら、ことばが見つかりません。ご遺族さまは、さぞご無念でしょう。心からお悔やみ申し上げます。

代理でのお悔やみ

●このたびはご愁傷さまです。私はお母さまと長年親しくさせていただきました高木佐知子の息子で拓也と申します。母はただ今、病気療養中のためこちらにうかがうことができませんでした。失礼かと存じましたが、私が代わりに参りました。

●私は仕事でお世話になりました畑山隆史の妻でございます。畑山はあいにく出張中のため、代わりにお悔やみに参りました。

◆代理の理由を手短に述べます。

役立つ

葬儀メモ

◉弔電について

友人、知人の不幸の知らせを聞いて、すぐに駆けつけられない場合は、弔電を送るようにします。

文面はNTT（115番）の指定文例も利用できますが、せっかくなら自分のことばでお悔やみを伝えたいものです。

指定文例の後に、自分のことばを付け加えてもよいでしょう。弔電は、葬儀の際に読み上げられることもありますから、忌みことばなど、ことば使いに注意します。

なお送る際は、喪主あてに送付し、差出人名は文末に入れます。また、故人への弔電で使われる敬称は下記のとおりです。

●弔電の文例

▼突然の悲報に接し、ことばもありません。ご家族のご心痛、いかばかりかとお察しします。謹んでご冥福をお祈りします。

▼ご生前のご厚情に感謝し、心からご冥福をお祈りいたします。

▼在りし日のお姿をしのびつつ、御霊の安からんことをお祈りいたします。

▼お嬢様のご急逝を知り、愕然としております。けがれなき魂の安からんことをお祈りしつつ、ともに泣いております。

▼いつまでも長生きしてくださるものと信じていました。ご生前の温顔をしのびつつ、心よりご冥福をお祈りいたします。

▼ご尊父様のご逝去、心よりお悔やみ申し上げます。長年の友情に感謝しつつ、はるかよりご冥福をお祈りします。

●主な敬称

父……お父様　父上様　ご尊父様
母……お母様　母上様　ご母堂様
夫……ご主人様　ご夫君様
妻……奥様　ご令室様　ご令閨《れいけい》様
祖父……ご祖父様
祖母……ご祖母様
息子……ご令息様　ご子息様
娘……お嬢様　ご令嬢様　ご息女様

葬儀での弔辞

弔辞の心得

弔辞の依頼を受けたら、辞退せず快く引き受けるのが礼儀です。喪家《そうか》（遺族）の人は、弔辞をじょうずに読んでくれそうだからという理由で依頼するのではありません。故人が信頼を寄せた、大事な人だからこそ依頼しているのです。

弔辞には特に何を話すか、どういう構成にするかなどの決まりはいっさいありません。**心のこもったことばがひと言あればそれで十分なのです。**

また、弔辞は複数の人が行うこともありますので、世話役などに事前に時間を確認をしておきましょう。なお、あいさつをする長さは、二〜四分を目安に考えます。

ポイント

■弔辞は故人に捧げるものなので、「○○さん」といった呼びかけで始まり、最後は「安らかにお眠りください」などの鎮魂の呼びかけで終わります。語りかけるようにゆっくり読み上げましょう。

■「死」「事故」「自殺」などの生々しい表現は避け、次のようなことばに言い換えます。

・死➡死去、逝去《せいきょ》、永眠、永逝、世を去る、帰らぬ人となる、この世に別れを告げる
・急死➡急逝、思いがけないこと、青天の霹靂《へきれき》、不慮の出来事、突然のこと
・自殺➡思いがけないこと、不慮の出来事、悲報
・事故➡災難、災禍、悲運、不慮の出来事
・若死➡天逝、早世

弔辞の構成

驚きと悲しみ
●弔辞の場合の導入部は、故人に対する呼びかけや語りかけで始めます。

故人の経歴
●長くならないように簡潔に述べます。
●必ずしも必要ではありません。

故人の功績や人柄
●故人の人柄や功績、思い出などに対して心に残っていることを素直なことばで表現します。
●故事やことわざを用いる場合は、格式や礼節ばかりが目立たないように注意が必要です。

故人への思い
●残された者の悲しみ、冥福を祈ることば、今後の決意などを述べます。

結び
●故人への別れを告げます。また、遺族へのいたわりのことばを入れてもよいでしょう。

役立つ 葬儀メモ

◉あいさつの作り方

人前で話さなければならないあいさつの原稿を作るのは、難しいものです。まず、起承転結を意識して作るよう心がけましょう。

喪主のあいさつ、喪主代理のあいさつや会葬者の弔辞など、その構成にはそれぞれの特徴があります。また、あいさつをする人の立場や葬儀の規模によっても微妙に違ってきます。

しかし、どのような場合でも、何がいちばん言いたいのかを決めます。ゆっくり内容を考える余裕はないかもしれませんが、何か特別なことを盛り込む必要はありません。故人を見送る最後の儀式です。型どおりのものだけでなく、自分の思いや故人との思い出などを、飾らないことばで語る部分があれば、心を打つあいさつになるでしょう。

弔辞の準備

弔辞は、基本的に故人に対するお別れのことばですから、思いを語るだけで十分です。しかし、**遺族に渡し、慰めとする意図もあり、書面に残すことが一般的になっています。**

最近では、便箋にペンで書いた略式も目にしますが、正式には奉書紙か巻紙に、毛筆を使って、楷書で書きます。墨の色は、悲しみを表すために薄墨にします。書き出しと最後は九～十センチメートルほどの余白を持たせ、天地にも三～四センチメートルの余白を持たせるとバランスがとれます。

また、天地の余白のラインはなるべくそろえるようにし、文字も曲がりのないようにします。書き出す前に、目安となるラインを下に敷くとよいでしょう。

文章を書き終えたら上紙の真ん中に奉書紙または巻紙を置き、左側を上にして三つ折りにします。次に上下を折り、表に「弔辞」と書きます。

●弔辞の書き方

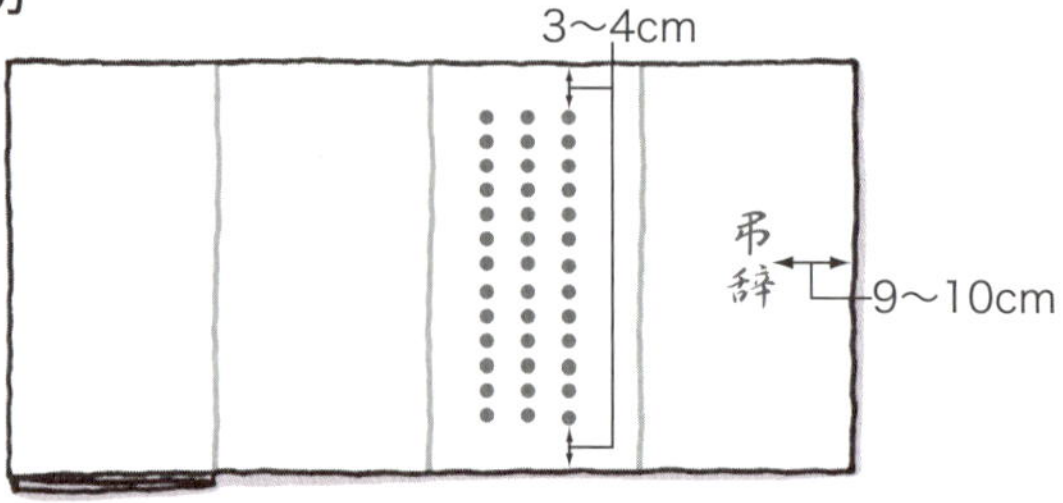

●弔辞の包み方

①上紙の真ん中に置く。　②右側から折る。　③上下を折り、表に「弔辞」と書く。

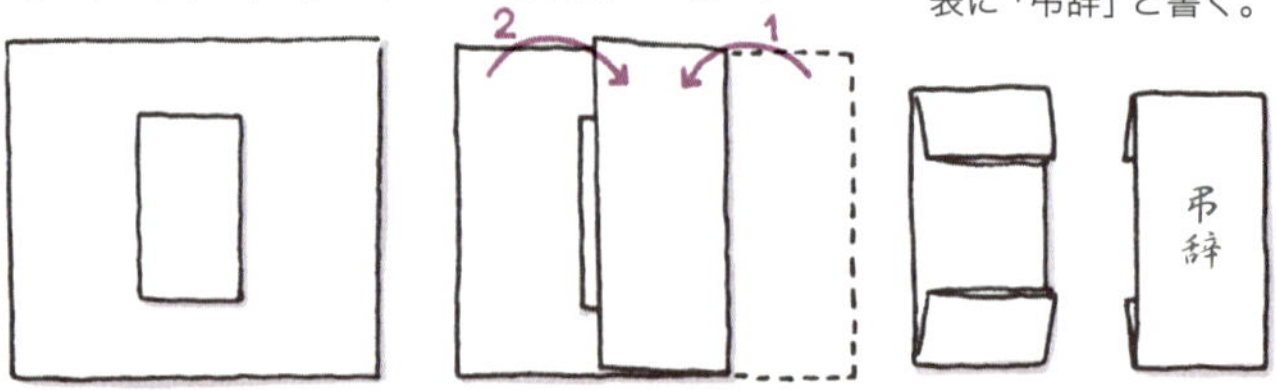

弔辞の読み方

　名前を呼ばれたら、弔辞の包みを持って祭壇の前に進み、導師（僧侶）と喪家側の列に一礼をし、遺影の前で再び一礼します。上紙を静かに開き、台の上に上紙を置き、台がなければ左手で持ちます。奉書紙または巻紙を目の高さに持っていき、少しずつ開きながら読みます。**いきなり本文に入るのではなく、「弔辞」と述べてから、ひと呼吸置きます。読むという感覚よりも、むしろ語りかけるという感じで、ひと言ひと言ゆっくり述べていきます。**ふだんより少し低めの声にすれば、あまり感情が高ぶらずに読むことができます。また感情が走っても、最後まで語り終えるのが弔辞です。胸が詰まったときは、ひと呼吸置いてから語り出しましょう。

　読み終えたら年月日と氏名を述べ、巻紙または奉書紙を上紙に戻してから祭壇に供え、遺影、導師、喪家に再び一礼して席に戻ります。

●弔辞の読み方

①奉書紙・巻紙を上紙の上に置き、右手で開いていく。

②目の高さで読む。

③読み終えたら弔辞を上紙に包み、文字を霊前に向けて祭壇に供える。

葬儀　個人葬での弔辞

あいさつ　友人
故人　友人
2分30秒

一般的な弔辞

謹んで水谷政夫さんのご霊前に申し上げます。

今日、こうして水谷さんに、永遠のお別れを告げるときを迎えるとは、一体誰が想像できたでしょう。いまだに私は、信じられない思いを抱きながら、ことばではとうてい表すことのできない深い悲しみに、ただ暮れるばかりです。

水谷さんは、とても心の優しい方でした。どのようなときでもにこやかな微笑みを絶やされることがなく、お会いするたびに、温かいふれあいを運んでくださいました。そんなあなたの温かさに救われたことが、何度ありましたことか。ことばでは言いつくせない思いでいっぱいです。

こうして目を閉じますと、まぶたにあなたの※温容《おんよう》がありありと浮かんできます。

1 悲しみと驚き

ポイント　故人への呼びかけで始めます。悲報を聞いての驚き、悲しみを語ります。

2 人柄

ポイント　友人代表として、故人の人となりを紹介します。人柄をしのばせるエピソードを交えると追悼の気持ちもよりよく伝わるでしょう。
※温容…穏やかで優しい顔つき。

あなたとは、五十年ほどの長いお付き合いになります。思い起こせば、本当にさまざまなことがありました。中でも、お嬢さまのご結婚の折にお見せになった、花嫁の父としてのご慈愛に満ちたあなたのお顔が、ひときわ印象に残っています。

3 思い出

ポイント

「○○年の友情」など長年のつながりが参会者にわかるようなことばを入れてもよいでしょう。

子煩悩で、特に最近はお孫さんの成長を楽しみにされていただけに、後ろ髪を引かれる思いで、あの世に旅立たれたのではないでしょうか。「うちの孫は利発でねえ」と自慢されるあなたのことばを、もう二度と聞けないのかと思うと、やるせない気持ちがわいてきます。何で、君が先に、と声をかけても、応えてもらえないのですね。本当に無情です。

4 故人への思い

しかし、いくら繰り言を述べたところで、あなたが戻ってくるはずもありません。私たちは、あなたの優しさ、あなたの思い出を大切に、これからの毎日を過ごして参ります。さようなら、水谷さん。どうぞ安らかにお眠りください。

5 結び

ポイント

故人への鎮魂のことばを捧げ、結びとします。

生前お世話になったことへの感謝を込めた弔辞

あいさつ 後輩
故人 先輩
2分50秒

1 悲しみと驚き

田中良二さんの御霊《みたま》に、謹んで惜別の辞を捧げます。

お世話になりました。ありふれたことばではありますが、今ここで、田中さんの遺影を前に、私は衷心《ちゅうしん》※からお世話になりました、ありがとうございましたと、感謝の気持ちを述べるだけで、胸がいっぱいでどうしたらいいかわからなくなってしまいます。

※衷心……心の底。

2 人柄

田中さんは、私にとって人生のすべてにおける大先輩でありました。仕事で行き詰まったとき、子どもたちの進学や就職に際して、何か問題を抱えたとき、私は決まって田中さんに相談を持ちかけました。

「おい、俺は悩みごとのカウンセラーだね」と、私の気持ちを優しくほぐしながら、話にじっくり耳を傾けていただきました。そして、どんなときも必ず適切なアドバイスと、温かい励ましのおことばをかけてくださったのです。

田中さんは、人を受け止める大きな懐と、安心感を与える不思

ポイント

故人との思い出を振り返ると、いろいろな思いが込み上げてくるでしょう。つい、あれもこれもと考えがちですが、故人の生前の印象深いことばなど、一つ二つ具体的な事例を引き合いにして、悲しみや嘆きを表していきましょう。

議な魅力をお持ちになっていました。田中さんのお人柄を頼みにしていた人は、私だけではなかったことと思います。

ずっと甘えっぱなしでした。あのときのこと、このときのことと思い返せば、田中さんからいただいたご恩にはきりがありません。いつか恩返しをしたいと思いつつ、何もできずにいるうちに、今日という日を迎えてしまいました。そう思えば思うほど、涙が込み上げてきて、どうしようもありません。

田中さん、何から何までお世話になりまして、本当にありがとうございました。田中さんに教えていただいたことを、私はできる限り後輩たちに伝えていくつもりです。ご恩返しとまではいかないかもしれませんが、どうか空の上から見守っていてください。さようなら。心からご冥福をお祈りいたします。

3 感謝の気持ち

4 結び

ポイント

全体を通じて、抑え気味に淡々と語るほうが、哀悼の念はむしろ強く伝わるものです。

生前の業績をたたえる弔辞

本日、小島克明常務の葬儀が執り行われるにあたり、哀悼の辞を述べさせていただきます。

思いがけない悲報に接し、私はただ茫然とするばかりです。つい最近まで、お元気で仕事にいそしんでおられる姿を拝見していただけに、にわかには信じることができません。

小島常務は、昭和○年に東西大学を卒業されて、東洋株式会社に入社されました。営業部門を中心にキャリアを磨かれましたが、早くから抜群の行動力とリーダーシップを発揮されて、幹部への道を一筋に歩んで来られました。

課長時代にはアメリカに駐在されて、全米をカバーする強力な販売ネットワークを築かれ、部長時代には社内有数の国際派として、海外取引の拡大を陣頭で指揮されました。役員になられてか

1 あいさつ　2 悲しみと驚き　3 経歴

あいさつ 部下

故人 上司

2分20秒

らは、ボーダーレス化の波をいち早く感知されて、グローバルな組織体制の確立に東奔西走の毎日を過ごされておりました。小島常務が築かれた海外での礎は、わが東洋株式会社にとっての動脈であり、今日の発展を支えてきたものと言っても過言ではありません。

こうした多くの業績が、永遠に私どもの記憶に残り、末永くたたえられることは、申し上げるまでもないでしょう。小島常務のご遺志は、確実に次の世代に受け継がれ、一段と大きな花を咲かせるものと、誰もが信じております。

どうぞ、安らかにお眠りください。心よりご冥福をお祈りして、弔辞とさせていただきます。

4 業績

ポイント 業績をたたえる場合は、故人のキャリアを箇条書きで列記したうえで、主要なものを抜き出して、簡潔に伝えます。参列者と故人のかかわりはさまざまですから、あまり細かい点までは言及せず、一般的なわかりやすい内容に収めるほうがいいでしょう。

5 決意

6 結び

ポイント 全体を通して、公的な調子でまとめます。

悲しみを強く表す弔辞

真理子さん、石橋さん……いくら呼びかけても、あなたの声はもう返ってきません。あなたのあの爽やかな笑顔にも、もう会うことはできません。

「何かの間違いに決まっている」「悪い夢を見ているだけなんだ」あなたが他界されたと聞いて、私は何度となく自分に言い聞かせようとしました。信じたくなかったのです。こうして、お別れのことばをかけていても、いまだに私の心は宙に浮いています。

悲しみは突然のようにやってくると言いますが、まさか真理子さんがお亡くなりになるとは……。人生は何と残酷なものなのでしょう。

悲報に接してからこのかた、あなたとの楽しかった日々が、走馬灯のように私の頭の中を駆け巡っています。夏はテニス、冬はスキーと寸暇を惜しんで遊び回った二十代、仲間を募ってハワイやオーストラリアへも旅行しましたね。

1 呼びかけ

2 悲しみと驚き

あいさつ 友人

故人 友人

2分

ポイント
悲しみ嘆く気持ちをストレートに表すのに、決まり文句のあいさつは不要です。

ポイント
故人を思う自分の心のままを語るのが一番です。自然にわいてくる悲しみの気持ちを素直に出しましょう。ただし、感情的になりすぎてもどうかと思われるので、文案を練るときは、努めて冷静に考えるようにします。

お互い結婚して子どもができてからは、よくホームパーティーを開いて、家族ぐるみで愉快に過ごしたものでした。アルバムをひもとくように、あなたとの交友を振り返っていると、滂沱《ぼうだ》の涙がふつふつと頬を伝って流れていきます。

真理子さん……ありがとう……。真理子さん……さようなら……。今日は一人で、あなたとの思い出に浸ります。

3 思い出　**4** 結び

ポイント
何も飾る必要はありません。故人に呼びかける気持ちが、遺族や参列者の心を打ちます。

役立つ
葬儀メモ

◉弔辞での故人の呼び方

弔辞での故人の呼び方はいろいろです。まず、最初はあらたまった感じで、フルネームで呼ぶことが多いようです。

しかし、実際にはそれもさまざまで、いきなり愛称で呼ぶこともあります。また、弔辞の途中から生前呼んでいたままに「部長さん」「先生」などと肩書きで呼ぶこともあります。

そうすることにより、かえってそこに込められた悲哀の情が、参会者の胸を打つこともあるのです。あたかも生きている人に呼びかけるように話すことで、悲しみの心が伝わっていくでしょう。

大切なのは、故人と自分との生前のつながりなどを考えて、もっとも自分にとって自然と思われる呼び方を選ぶことです。そうすれば、素直な哀悼の意を表せるのではないでしょうか。

実例1

事故死した同僚へ

今後の決意を込めた弔辞

内山孝一郎君のご霊前に、謹んで惜別のことばを捧げます。

それにしても、こんなことになろうとは。誰一人として想像だにしなかった事故だけに、いくら悔やんでも悔やみきれない気持ちでいっぱいです。

会社にとって、この大切な時期に君を失った痛手は、計り知れないものがあります。まして、ご家族の方々のお嘆きを思うと、痛恨の極みに尽きるとしか、表すことばがありません。

しかし、君の遺志に報いるためにも、悲しみに暮れているだけではいけないと思います。君が精魂込めて取り組んでいた環境保全プロジェクトは、私たちが責任をもって遂行しますから、安心して見守っていてください。プロジェクトの成功の折には、必ず君のところに報告に参ります。

残されたご家族の皆さまには、心からのお悔やみを申し上げます。私どもにできうる限りの支援をお約束いたします。

内山君、どうか後のことは私たちに任せて、安らかにお眠りください。生前の君の活躍に、深い感謝の気持ちを贈るとともに、ご冥福をお祈りします。

あいさつ 同僚
故人 同僚
1分50秒

実例2

急逝した恩師へ

感謝を込めた弔辞

あいさつ 教え子
故人 先生
1分50秒

三木先生、突然のご逝去、心よりお悔やみ申し上げます。

三木先生は三十年以上にわたり、青海学園で教鞭を執られ、教頭、校長を歴任され、退職後は悠々自適の日々を過ごされておられました。毎年、クラス会でお目にかかるたびに、先生と教え子の昔に戻って楽しいひと時を過ごしていたのですが、それももうかなわぬかと思いますと、惜しんでも惜しみきれません。

私ども教え子の間では、「カミナリ先生」の愛称で通っていました。先生はとにかく厳しい方でした。私など授業中にふざけていて、よくカミナリを落とされたものです。こちらがまずいかなと思った矢先に、タイミングよく叱責のことばが飛んできました。きっと私に限らず、そんな経験をお持ちの方が多いのではないでしょうか。一方で、ちょっとでもがんばれば、先生は大いに褒めてくださいました。生徒一人ひとりを思いやる気持ちにあふれていて、それが卒業後も生徒のみんなから長く敬愛された一番の理由だと思います。

三木先生、仰げば尊し我が師の恩、でございます。多くのお教えをいただき、ありがとうございました。心から先生のご冥福をお祈りして、お別れのことばとさせていただきます。

◎社葬・団体葬での弔辞

社葬・団体葬における弔辞の心得と構成

社葬・団体葬の弔辞では、**呼びかけではなく「謹んで○○社長の御霊《みたま》に申し上げます」といったことばから入ります。**故人が生前所属していた団体名、肩書きを入れ、名前もフルネームで呼びます。

弔辞の内容は、個人葬のものと比べると**故人の業績が中心になります。**故人の経歴や業績については、自分の記憶に頼るのではなく、しっかりと確認しておきましょう。

最後に、故人の遺志を継ぐ表明と故人の安らかな冥福を祈り、結びとします。

あいさつ 社員代表
故人 社長
2分10秒

一般的な弔辞

1 あいさつ

今井工業株式会社代表取締役社長、故、高橋勝幸殿の社葬にあたり、社員を代表いたしまして、ここに謹んで惜別の辞を述べさせていただきます。

ポイント 社葬では、型どおりのあいさつから始めて、逝去の日時や病名、享年を報告しつつ、哀悼の意を表します。

2 報告

高橋社長は、十月二十日午前九時四十五分、心不全によって六十九年の生涯を閉じられました。社員一同、深く哀悼の意を表するとともに、ご遺族の方々に心よりお悔やみを申し上げます。

社長は入社以来、企画開発部門を中心に当社発展の一翼を担って活躍され、役職を歴任された後、平成二年に代表取締役社長に就任されました。

鋭い先見の明とアイデアにあふれる方でした。（商品名）や（商品名）など、誰もが知っているヒット商品を開発されたことは、つとに知られております。社長になられてからも、つねに時代の半歩先を駆ける商品開発を経営理念の第一に掲げられて、数々のヒット商品づくりを、陣頭で指揮されてこられました。また、新入社員とも気さくに話されるなど、誰もが敬愛してやまないトップでいらっしゃいました。それだけに、私どもにとりまして、このたびの社長のご逝去は、まことに痛恨の極みでございます。

高橋社長、どうぞ安らかにお眠りください。私ども社員一同は、心してご遺志を受け継ぎ、社業にいっそうの精進をはかりますことを、社長のご霊前に誓いまして、弔辞とさせていただきます。

3 経歴

ポイント
参列者の誰にもわかりやすいように、簡潔にまとめます。

4 業績

ポイント
代表的な業績や経営理念を挙げながら、故人をたたえるのが通例です。総務部門や秘書室などのスタッフと相談して、文案を仕上げるといいでしょう。

5 結び

ポイント
故人の遺志を受け継ぐ決意を誓って、結びのことばとします。

実例1

急逝した商工会議所会頭へ

故人の功績を称賛する弔辞

あいさつ 会員・職員代表
故人 会頭
2分

○○商工会議所会頭、故、友田隆一様の御霊前に、追悼のことばを述べさせていただきます。
このたびの会頭のご急逝には、私はただことばにならない悲しみに浸るばかりでございます。

友田会頭は、東都株式会社の代表取締役社長として、卓抜な経営手腕を発揮されると同時に、業界のリーダーとして、地域経済の振興にお力を尽くしてこられました。幅広い視野の持ち主でいらっしゃいました会頭の「二十一世紀の地域企業は、グローバル・スタンダードを踏まえて活動しなければいけない」ということばが、今もよみがえってきます。

友田会頭は、一昨年、商工会議所の会頭に就任されたばかりで、欧米への視察団を率いられるなど、ご持論のグローバル化を身をもって推進されていたところでした。これからも活躍されて、会議所の発展と地域経済の活性化に貢献されると、私ども全員が期待しておりましただけに、まことに痛恨哀惜のきわみでございます。

このうえは、会員・職員一同、会頭のご遺志を継ぎまして、努力を重ねる覚悟でございます。

友田会頭、どうぞ安らかにお休みください。心からご冥福をお祈りいたしまして、追悼の辞といたします。

実例2

病死した他社社長へ

生前の業績をたたえる弔辞

あいさつ 業界代表
故人 他社社長
2分

ヨコタ自動車株式会社代表取締役社長、故、中山武士氏の社葬を挙行するにあたり、業界を代表いたしまして、謹んでご霊前に弔辞を捧げます。

中山社長のご逝去は、ヨコタ自動車株式会社は言うに及ばず、自動車業界にとりましても実に大きな損失であります。思えば中山社長とは、同業のよしみで四十年以上にわたって親しくお付き合いをいただいて参りました。社長に就任されてからは、一貫して自社の経営に全力を傾けつつ、業界全体の発展のためにも惜しみない努力を注がれました。また、お会いすれば必ず、業界を取り巻く環境について、時代を先取りした卓見を聞かせてくださいました。ヨコタ自動車株式会社が着実に業績を伸ばされたのも、中山社長の先進的な経営の賜物だと存じます。

自動車業界は、規制緩和とボーダーレス化の波に洗われております。中山社長は、この問題解決の切り札ともいうべき存在であり、業界はこぞって社長のリーダーシップに期待しておりました。社長ご自身、さぞ心残りでしたでしょうし、私どももまことに無念です。

今はただ「お疲れさまでした。安らかにお眠りください」とご冥福をお祈りするばかりです。最後に、ご遺族の方々に深くお悔やみを申し上げ、弔辞といたします。

法要でのあいさつ

法要に招かれたら

法要の案内が届いたときは、なるべく早目に出欠の返事を出します。少なくとも法要の一週間前までには届くようにしましょう。**法要に出席する場合は供物《くもつ》や供物料を持参します。**供物料の金額はそれぞれの地域によって差があります。寺や料亭などを借りて法要を行う場合には、供物ではなく現金を持参したほうがいいでしょう。

現金を包む場合の表書きは、次のようにします。

仏式の場合

御仏前／御供物料

神式の場合

御玉串料／御神饌料

仏教で浄土真宗以外の宗派の場合、法要の際に墓に卒塔婆《そとば》を立てます。このようなときは、あらかじめ施主にその旨を伝えて卒塔婆を用意しておいてもらいます。

参列者は卒塔婆料を持参しますが、そのときの表書きは、「御卒塔婆料」とします。

法要に招かれたときの服装は、四十九日の忌明《きあ》けまでは葬儀・告別式のときと同じように喪服を着用しますが、一周忌、三回忌など年月を経て行われる法要では、地味な平服で出席してもかまいません。ただし、服装も地域によっていろいろな風習がありますので、あらかじめ親しい人に尋ねてみるとよいでしょう。

もし都合で出席できない場合は、できるだけ早く施主に知らせ、法要に間に合うように供物か供物料を送ります。法要は親族など近しい関係で行われることが多いので、欠席の知らせを電話で済ませがちですが、やはり、はがきでかまいませんので出席できないことへのおわび状を出すように心がけましょう。

あいさつの心得と構成

故人と親しい間柄にあった場合などは、施主側からあいさつを依頼されることがあります。

まず、**法要に招かれたお礼を述べ、故人の名前を呼んで語りかけていきます。**

次に**年月の経過を報告します。**故人に子どもがいれば、どういうふうに育っているか、あるいは自分の環境や生活の変化を述べます。生前のエピソードなど、葬儀のときでは語れなかった、故人との思い出を盛り込んでもかまいません。昔を懐かしむ内容で、あまり長くならないよう留意します。

そのほか、今後も遺族を支えていく決意や、参列者のこれからなどにふれ、最後に、遺族をはじめ参列者を見守ってくれるよう故人へ呼びかけて、結びとします。

ポイント

■初七日、四十九日法要と、月日を重ねた後に営まれる法要では、あいさつの内容が違ってきます。年忌法要では、遺族の気持ちも前向きに向かっているので、深い悲しみを思い出させるようなあいさつは避けます。

■親族や友人など、ごく近しい人たちで営まれる場合が多いので、形式張ったあいさつより、心情を素直にあいさつに盛り込んだほうが、よりよいあいさつになります。

実例1

四十九日法要

遺族へのいたわりを込めたあいさつ

あいさつ 代表献辞 上司

故人 部下

1分50秒

本日は四十九日の法要にお招きいただきまして、まことにありがとうございました。

私は、戸塚さんが課長を務めておられました、関東出版株式会社営業部の小宮義男と申します。戸塚さんとは長年にわたり、部長と課長の間柄で仕事に打ち込み、苦楽をともにして参りました。このひと月余りの間、何度机から顔を上げては「戸塚くん」と声をかけそうになり、「そうだ。もう彼はいないのだ」と、切実な思いをかみしめたことでしょう。頼りになる部下であっただけに、彼を失った重みが、日増しに強く感じられてなりません。

ご遺族の皆さま、少しは落ち着かれましたでしょうか。時がたつほどに、故人への思いは募るばかりかと存じます。きっと戸塚さんもあの世で、ご家族の方々のお暮らしを、何よりも気にかけておられることでしょう。本日、四十九日の法要を経まして、戸塚さんは永遠に、ご遺族の心の中に生き続けていかれるでしょう。皆さまが、お元気でお過ごしくださいますよう、心よりお祈り申し上げます。

最後に、あらためて戸塚祐太朗さんのご冥福を深く祈念いたしまして、追悼のごあいさつとさせていただきます。

実例2

一周忌法要

この一年を振り返るあいさつ

あいさつ 代表献辞 姪
故人 叔母
1分50秒

早いもので、おばさんが旅立たれてからもう一年がたちました。おばさんの元気なときは、春には山菜とりやお花見、夏のお祭り、秋の紅葉見物と機会のあるたびにこちらにはおじゃまさせていただいておりました。この一年、四季の移り変わりは何事もなかったかのように巡り、私もおじさんのご好意でこれまでどおり、こちらで季節を楽しむことができましたが、おばさんとの楽しい会話はなくなってしまいました。やはり寂しい思いをした一年でした。

身の回りのことはすべておばさんに任せていたおじさんは、葬儀の後すっかり途方に暮れていました。私たちは陰ながら心配したものです。でも、近ごろはすっかりご自分で何もかもできるようになって、驚いております。

本日はこのようにりっぱな法要に列席させていただき、一年ぶりにたくさんの方々とお会いできましたこと、心より感謝いたします。この後、皆さまとともにおばさんの思い出や、皆さまのご近況をお聞かせいただきながら、ひと時を過ごしたいと思います。最後に、おじさんのご健康と今後のご活躍を祈りつつ、ごあいさつに代えさせていただきます。

実例3

三回忌法要

思い出を込めたあいさつ

あいさつ 代表献辞 友人

故人 友人

1分40秒

本日は、山本啓吾さんの三回忌法要にお招きいただきまして、ありがとうございます。月日のたつのは早いもので、今日でまる二年。お墓にお参りさせていただいて、あらためて過ぎし日を思い起こしました。

ご家族の皆さま方にとりましては、本日までの日々は、ことばでは言い尽くせないような複雑な思いで過ごされたことと思います。

ご存じのように、私と啓吾さんとは大学時代からの知り合いで、半世紀にもわたる長いお付き合いでした。大いに遊び回った若いころが、つい昨日のようでもありますし、お互い結婚して子どもを育て、定年を迎えて……そんな年月をともに歩んできたことを思うと、今さらながらあなたのいない寂しさが募ります。

特にお亡くなりになる数か月前まで、毎月のようにゴルフをご一緒させていただいておりました私にとりましては、あれ以来楽しみが半減してしまったような気持ちです。

今日はご家族、ご親族の方々と啓吾さんの在りし日を振り返り、思い出を語り合ってご冥福をお祈りすることにします。

実例4

七回忌法要

人柄にふれるあいさつ

あいさつ 代表献辞 教え子
故人 先生
2分

本日は、秋山先生の七回忌にお招きいただきましてありがとうございました。山崎東高校で、先生に三年間教えていただいた青木と申します。

早いもので、先生が亡くなられてもう六回目の夏が巡って参りました。今日のような夏らしい天気の日には、今でも先生と行った遺跡の発掘調査を思い出します。夏休みになると先生は、私達地歴部の部員を遺跡調査に連れて行ってくださるのが恒例でした。炎天下、ひたすら土を掘るというなかなかハードな調査なのですが、たまに土器や瓦のかけらが出ると、私たちは先生に大得意で報告するのです。そんなときの先生の「ほほう、これは大発見」という決まり文句が楽しくて、調査はいつも和やかで、活気にあふれておりました。

先生は悠々と、かつユーモアたっぷりに私たちに接してくださいました。受験を控えた悩み多き年ごろにあっても、先生のおかげで、のびのびとした空気を感じることができました。

あのころの先生のお年に近づいた今、いよいよ先生のお人柄が慕わしく思われます。先生ならではのユーモアに、含羞《がんしゅう》の中からそっと見せてくださったご情愛、さまざまなものを感じます。先生にあらためて敬愛と感謝を捧げたいと思います。ありがとうございました。

追悼会・慰霊祭でのあいさつ

あいさつの心得

追悼会・慰霊祭は、社会的地位にあった人や公的な立場にあった人、仲間内で慕われていた人、または合同慰霊祭のように複数の故人のために、遺族ではない主催者により執り行われるものです。

そのため、あくまでも追悼会・慰霊祭は、遺族が営む年忌法要より、公的で大がかりなものになります。一般的には、法要のように命日に合わせて行われることが多いようです。

追悼会・慰霊祭でも主催者からの依頼があれば、参会者もあいさつに立ちます。

特に合同慰霊祭は、複数の故人に対するのもなので、あいさつの内容が個人的なものにならないように、気を付けましょう。**たくさんの人の前であいさつをすることになりますので、落ち着いて、ゆっくりと話すことを心がけます。**

弔辞ではないので、あいさつの内容はできる限り、暗記して臨みましょう。

あいさつの構成

あいさつ
●参列者に対して、代表であいさつすることを告げます。

自己紹介
●氏名や肩書きのみでなく、故人とのかかわりを述べます。

故人の業績や人柄
●故人の業績や人柄について、思い出を交えて話します。
●月日が流れたからこそ話せるエピソードなどを盛り込み、故人を懐かしむのもよいでしょう。

故人への思い
●亡くなってからこれまでの暮らしや、その中で感じた故人への思いを語ります。

結び
●結びのあいさつとともに、決意を述べるのもよいでしょう。

役立つ 葬儀メモ

◉献杯について

葬儀、法要の宴席で、献杯のあいさつを頼まれる場合があります。

これは、ふつうの宴での乾杯の音頭にあたるものですが、乾杯は慶事を祝してするのに対し、献杯は故人への敬意を表して杯を捧げるものです。

宴席の最初に施主のあいさつや列席者のあいさつなどが行われ、その後、献杯に移ります。このときのことばは、短く簡潔にします。

故人に対して捧げるものですから、「優しかった○○さんをしのんで、献杯」、「○○さんのご活躍はいつまでも私たちの心に残っております。故人のすばらしい業績をたたえて、献杯」のように故人の人柄や業績などに少しふれてから音頭をとります。出席者もいっせいに「献杯」と唱和します。

実例1

慰霊祭

故人の業績をたたえるあいさつ

　東西建設株式会社の代表取締役社長を務められました、故、高木龍彦氏の慰霊祭にあたり、業界を代表いたしましてひと言ごあいさつを申し上げます。

　私は富士見建設株式会社の社長として、ご同業の高木社長とは四十年以上にわたるお付き合いをして参りました。高度成長期から近年のバブル崩壊まで、好不況の波をともに乗り切り、建設業界の発展に力を尽くして参りました。いわば「戦友」でございます。私がどちらかといえば猪突猛進型なのに対し、高木社長は守りを固めて、堅実な経営に徹するタイプでありました。東西建設株式会社は、財務体質に優れる優良企業として知られておりますが、これもひとえに高木社長の手堅い経営手腕の成せる業だと存じます。

　現在では、現社長の内田氏を中心に、社員の方々が一丸となって、高木社長のご遺志を引き継ぎ、社業を確実に伸ばしておられます。高木社長も、あの世で温かく見守りながら、喜んでおられることでしょう。

　最後に、心よりご冥福をお祈りいたしまして、慰霊の辞とさせていただきます。

あいさつ
代表献辞
業界代表

故人
他社
社長

1分50秒

実例2

追悼会

人柄にふれるあいさつ

あいさつ 代表献辞 同僚
故人 同僚
2分

早いもので、吉田先生がお亡くなりになりましてから今年で十年になります。本日は、追悼の夕べということで、東西大学で教鞭を執りました同僚の一人として、先生の思い出をお話しさせていただきます。

先生は、ご専門の中古文学、とりわけ源氏物語の研究に生涯を通じて、情熱を注がれました。博覧強記とは、先生のために作られたことばではないかと思うほど、源氏物語に精通されており、登場人物の名前を挙げるだけで、どの巻のどこで何をしたかを克明に教えてくださいました。時折ジョークを交えられて、平安の世の絢爛とした世界を飄々と語られたお姿が、今でもはっきりと思い出されます。

先生の講義はウィットに富んでいて、生徒の人気が高かったのですが、こうしてお話ししていますと、今さらながら先生の人情味にあふれるお人柄がしのばれてなりません。おそらく、天の上でもユーモラスに過ごされて、私どもを見守っておられるのではないでしょうか。

とりとめのない話になってしまいましたが、本日は、ご列席の皆さまと吉田先生の在りし日を振り返りつつ、追悼の念を深めたいと存じます。どうも、ありがとうございました。

お悔やみの手紙

お悔やみの手紙の心得

訃報を受け取っても、病気や急用または遠方などの理由から、すぐにお悔やみに駆けつけることができないときがありますが、そういう場合はお悔やみの手紙を出します。

本来は通夜や告別式に参列すべきなのですから、**お悔やみの手紙は知らせを受け取ったらなるべく早く出すのが礼儀です。** しかし、取り急ぎ送ることができないようなときは、弔電を打ち、あらためてお悔やみの手紙を書くとよいでしょう。

香典をお悔やみの手紙と同封する場合は、不祝《ぶしゅう》儀袋《ぎぶくろ》に香典を入れ、現金書留で送ります。お悔やみの手紙のみを送る場合は、白い無地の封筒にしましょう。はがきは失礼にあたりますので、使用しないようにします。

また、「重なる」という意味を避けるため二重封筒を避け、便箋は一枚にします。筆の場合は薄墨にします。

お悔やみの手紙の構成

お悔やみの手紙は喪主あてとは限らず、遺族側の知人に出す場合もあります。**手紙を出す相手によっても、また、差出人と故人との関係によっても文面が違ってきます。** しかし、いずれの場合も飾らないことばで、自分の思いを伝えるように心がけましょう。

ポイント

■お悔やみ状では、時候のあいさつ、自分の消息は書きません。

■訃報を受け取ったときの驚きのことばや、遺族を気づかうことばなど、直接本題から始めます。

■通夜や葬儀に出席できない場合は、理由を簡潔に書き、失礼をおわびします。

■香典を同封する場合は、その旨を伝えます。

■故人の生前のようすを、長々と書きつづるのは、遺族の悲しみを深めるだけなので避けます。

■忌みことば（12ページ参照）など、不幸が続くことを連想させるようなことばは使わないよう、十分注意します。これらは、あいさつの場合と同じです。

■各宗教で独自のことばがありますので、気を付けましょう。

■結語は「敬具」を使います。「早々」はお悔やみ状には使いません。

役立つ 葬儀メモ

◉年賀欠礼状をもらったら

喪中の方には年賀状を出さないのが礼儀ということで、年賀欠礼状が届いてもそのまま放置してしまいがちです。しかし、欠礼状をいただいたら、なるべく早く返事を出すのが正式です。

「ご服喪中につき、年始のごあいさつは控えさせていただきます」などのような欠礼のあいさつとともに、お悔やみや励ましのことばなども添えます。

また、喪中と知らずに年賀状を出してしまった場合は、「ご服喪中とも知らず年賀状を差し上げ、大変失礼をいたしました」「ご尊父様を亡くされ、喪に服しておられることも知らず、年賀状を差し上げ大変失礼をいたしました」ということばとともに、これまで知らずにいてお悔やみ状も出さなかったことをわびます。

実例1

子供を亡くした友人へ

本日、ご子息さまがご逝去になられたとのお知らせをいただきました。あまりにも突然の悲報に、いまだに信じがたい気持ちがいたします。

貴兄をはじめ、ご遺族の皆さまのお嘆きはいかばかりかと思いますと、何とお慰め申し上げればよいのか、ただ茫然としてことばを失うばかりでございます。まことに無念でなりません。

すぐにでもお伺いして、わずかでも貴兄の力になれたらと存じますが、なにぶん遠方のため、ご葬儀への参列は失礼させていただきます。近いうちにご焼香にお伺いいたしますので、なにとぞご容赦ください。

心ばかりではございますが、ご香料を同封いたしました。ご霊前にお供えいただきたく、お願い申し上げます。

取り急ぎ書面にて、ご子息さまのご冥福をお祈りいたします。皆さま、さぞお力落としのことと思います。どうか、お気持ちをしっかりとお持ちになりますよう、心より願っております。くれぐれもお体を大切に、ご自愛なさってください。

実例2

事故で亡くなった友人のご家族へ

春菜さんのご急逝のお知らせに接し、慟哭《どうこく》しております。あまりにも突然の悲報に、私の胸は張り裂けそうです。ご家族の皆さまに、なんとお慰めを申し上げたらいいのでしょう。あんなに元気だった春菜さんが不慮の事故で帰らぬ人になるとは、悔しくてたまりません。これほど無情な運命があっていいのでしょうか。

本当に残念です。すぐにでもご焼香にお伺いすべきところですが、あいにく仕事で遠方に出ておりますので、ご葬儀への参列は失礼させていただきます。心ばかりのご香料を同封いたしましたので、春菜さんのご霊前にお供えくださいますよう、お願いを申し上げます。

ご家族の皆さまは、さぞお嘆きのことと存じます。どうか健康に留意されまして、ご自愛くださいますよう、心より願っております。

書面にて失礼ではございますが、春菜さんの在りし日をしのびまして、ここに謹んでご冥福をお祈りいたします。

実例3

父親を亡くした元同僚へ

ご尊父様のご逝去の訃報を承りまして、ここに謹んでお悔やみを申し上げます。

かねてよりご療養なさっているとはうかがっていましたが、きっとお元気になられると信じておりましただけに、なんとも残念でございます。

貴兄をはじめ、ご家族の皆さまのお嘆きのご心中をお察ししますと、悲しみが込み上げるばかりで、慰めのことばさえ見つかりません。ここに謹んで弔意を申し上げ、ご尊父様のご冥福をお祈りいたします。

いつでしたか、「どんな時でも前向きにというのが、父の教えなんだ」と私に話されたことがございました。同じエンジニアの道を歩んでいらっしゃる貴兄にとりまして、ご尊父様は大変大きな存在でいらしたことと思います。さぞかしご落胆のこととは存じますが、どうかご尊父様のご遺志を継がれまして、前向きに歩んでいかれますよう、心から願っております。

あいにく仕事の都合で、ご葬儀に参列できませんが、近日中には、お線香をあげに参りたく存じます。とりあえず心ばかりのご香料を同封いたしましたので、ご霊前にお供えいただきたくお願い申し上げます。まずは書面をもって、お悔やみ申し上げます。

第二章

葬儀・法要の基礎知識

- 喪主・世話役について
- 葬儀・法要での服装
- 香典のマナー
- 焼香のしかた
- 献花・玉串奉奠のしかた

喪主・世話役について

喪主の決め方と役割

●**喪主の決め方**…**故人に近い血縁者が喪主になります。**夫や妻が亡くなった場合は配偶者、配偶者が他界している場合は子ども、未婚の子どもが亡くなった場合はその親がなるのが一般的です。

●**喪主の役割**…喪主は、**遺族の代表として葬儀全般を取りしきります。**葬儀社、僧侶、世話役との打ち合わせや通夜、葬儀などでのあいさつ、僧侶へのお礼の差し出しなどを行います。

通夜や葬儀の実務は世話役が執り行います。世話役に依頼するときは、「お世話になります」「ご面倒をおかけします」などのねぎらいのことばを忘れないようにしましょう。

世話役の決め方と役割

●**世話役・世話役代表の決め方**…**親族や友人、会社の同僚、近所の人**に、世話役として進行や受付など葬儀の雑事を手伝ってもらいます。世話役のまとめ役となる世話役代表は、**喪主または故人と親しく喪家《そうか》（遺族）の事情に詳しい、信頼のおける経験豊かな人**がなります。ただし、最近は葬儀社が葬儀の進行実務をまとめて執り行うのが一般的です。

●**世話役の役割**…葬儀の内容や規模にもよりますが、**受付、供物《くもつ》・供花《きょうか》、会計、車両、荷物・携帯品などの係があります。**このうち現金を扱う会計係や式全体にかかわる進行係などは、親族が執り行うことが多いようです。

世話役の応対は、儀式にふさわしい、折り目正しいものでなくてはなりません。式場で知人と会っても、そこで話し込むようなことは慎み、黙礼を交わすくらいにとどめましょう。次に、各係の応対の例を挙げておきます。

●受付係

「わざわざお運びいただき恐れ入ります。祭壇はあちらでございます」「こちらにご記帳をお願いいたします」

●案内係

「どうぞ、こちらでございます」「こちらで傘をお預かりいたします」

●接待係

「供養でございますので、どうぞお召し上がりください」「お茶をお持ちいたしましょうか」

●会葬礼状手渡し係

「ご会葬ありがとうございました。どうぞお納めください」

弔辞を依頼する

弔辞は遺族または世話役（社葬・団体葬のときは葬儀委員）から依頼します。弔辞の長さは所要時間三分、原稿用紙にして二枚半から三枚を目安にして伝えておくとよいでしょう。

故人に親しかった人でも故人の生年月日、卒業年次などの数字は覚えていないものです。正確を期するためにも、**弔辞の依頼時には故人の履歴を渡すようにしましょう。**

故人の各方面の関係者から弔辞をいただく場合、時間の都合もあるので人数を決めます。会社、地域、友人から各一名というようにバランスをとることも必要です。また、内容の希望をある程度伝えておくと、内容の重複が避けられます。

弔辞ができあがったら、誤りがないかチェックします。そのためにも、**弔辞の依頼は早めに行い、時間的に余裕をみておくことが大切です。**

葬儀・法要での服装

遺族、世話役の服装

●**通夜**…男性は黒のスーツ、女性は和装もしくは洋装の喪服を着用します。

●**葬儀・告別式**…正式喪服にします。受付などの係は、略礼服に喪章をすればよいでしょう。

●**法要**…逝去から時がたつにつれて喪色を薄くするので、三回忌以降は施主も平服でかまいません。

会葬者の服装

●**訃報を受け、とりあえず駆けつけるとき**…平服でもかまいません。ただし、あまり派手な服は避けます。

●**通夜・葬儀・告別式**…正式喪服がふさわしいのですが、場合によっては略礼服でもかまいません。

●**法要**…略礼服か平服でもかまいません。

男性の正式喪服

和装

黒羽二重、五つ紋付きの羽織と着物

①長襦袢は白かグレーもしくは茶色
②袴は仙台平か博多平
③羽織のひも、足袋は白
④帯は博多、紋付きの角帯
⑤履き物は畳地の草履で鼻緒が黒いもの

女性の正式喪服

洋装
黒のワンピースかスーツ

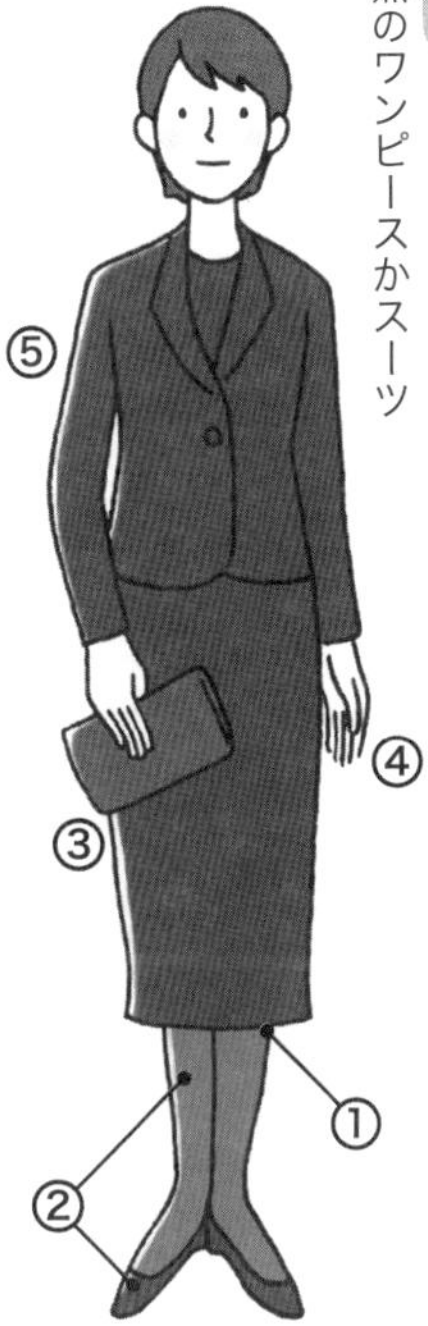

①スカートの長さは膝下
②靴、ストッキングは黒
③バッグは黒。ボタンやバックルが光るものは避ける
④結婚指輪以外の指輪は外す
⑤夏は半袖でもかまわないがノースリーブは不可

和装
黒の無地の五つ紋付き

①帯揚げ、帯締めは黒
②長襦袢、半衿、足袋は白
③履き物は黒の草履

洋装
モーニング（通夜は夜なので黒のスーツ）

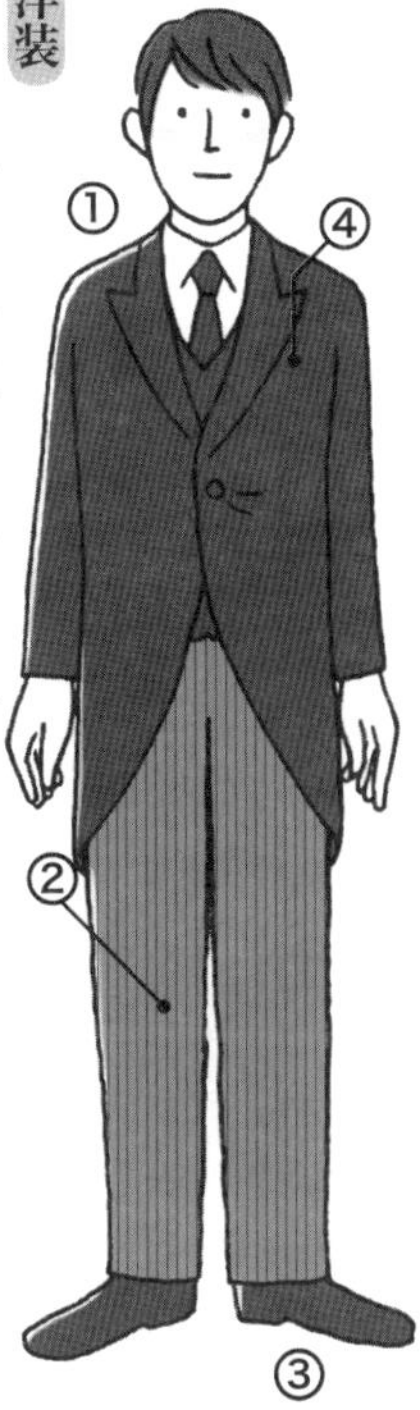

①上着、ベスト、ネクタイは黒
②スラックスは黒かグレーの縞
③靴、靴下は黒
④ポケットチーフは外す

子どもの服装
制服か、黒っぽいスーツ、ワンピースなど。

女性の略礼服
黒か地味な色のワンピースかスーツ。靴、ストッキング、バッグは黒。手伝う場合は地味な色の動きやすい服装でもよい。

男性の略礼服
上下黒またはグレーのスーツに黒のネクタイ。靴下、靴は黒。シャツは白。

香典のマナー

香典の包み方

香典は現金を包んで霊前に捧げるもので、通夜か葬儀・告別式のいずれかに持参します。

　正式には紙幣を半紙でくるみ、これをさらに奉書紙で包んで白黒、または銀の水引を掛けます。この場合、色の黒いほうを右にして、これっきりという意味を込め結び切りにします。今では、いろいろな種類の不祝儀《ぶしゅうぎ》袋《ぶくろ》が市販されているので、金額に応じて選ぶとよいでしょう。

　葬儀に持参するときはグレーなど地味な色の袱《ふく》紗《さ》か風呂敷に包み、受付の前で取り出します。

　また、やむを得ない事情で葬儀に行かれない場合は、香典にお悔やみ状を添えて郵送します。

袱紗の包み方

①袱紗の爪を左に置き、香典をのせます。

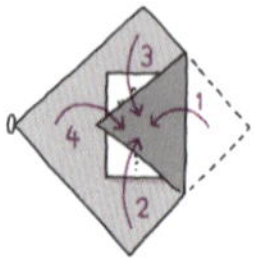

②右を折り、続いて下、上と折っていきます。

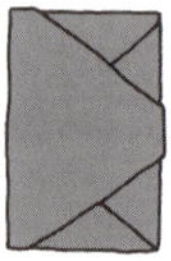

③最後に左側に折り、留め糸に爪を入れて留めます。

香典の渡し方

①受付係の人にお悔やみを述べます。

②香典を袱紗から取り出し、受付の人に向けて両手で差し出します。

香典の表書き

香典の包みの表には、上段に「御霊前」「御香典」などと記し、下段に自分の氏名をフルネームで書きます。仕事関係の場合は、会社名や所属部署も記しておきます。裏には金額を書きます。また、内袋にも金額、住所、氏名を記します。

市販の不祝儀袋を購入する際は、宗教によって使えないものがあるので注意が必要です。また、蓮の絵がある香典袋は仏式でしか使えません。

香典袋の表書き例

●御香典、御香料
仏式用

●御霊前
どの宗教でも使用可

●御花料、御ミサ料

●御玉串料、御《お》榊料《さかきりょう》
神式用

●包み、内袋

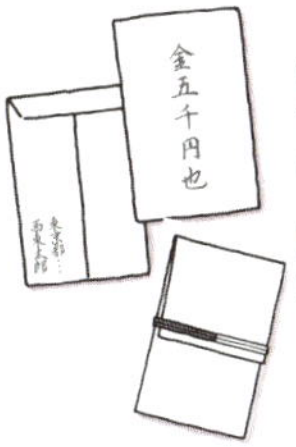

●御仏前
仏式の法要用。通夜・葬儀では使用不可

役立つ
葬儀メモ

◉供物《くもつ》・供花《きょうか》のマナー

香典のほかに、喪家を気づかい、故人への感謝の意を込めて添えるのが供物や供花です。どちらも自分で持参するのが基本です。ただし、通知の中に「供物・供花のいっさいを固くご辞退します」とあった場合は、喪家の意志を尊重しましょう。

仏式の供物は、線香やろうそくなどの仏具、干菓子、果物が一般的。青果店などに不祝儀の旨を伝えれば、金額に応じて見繕ってくれます。

供花も花屋に依頼すれば予算に合わせてあつらえてくれます。花輪を贈る場合は、スペースの関係で辞退される場合もあるので、喪家の事情を考慮してから葬儀社に手配します。

焼香のしかた

焼香について

仏事に焼香は欠かせないものです。本来は出席者が香を持参するのが習わしでしたが、今では喪家側が用意するのが、一般的となっています。

焼香は、通夜では線香を捧げ、葬儀・告別式では抹香を捧げるのが通例です。

ここでは、座礼での焼香のしかたを紹介しますが、斎場の関係で立ったままで焼香を行う立礼もあります。

線香の焼香（座礼）

①中腰で祭壇前に進み出て、座布団の手前で座りなおし、遺族と僧侶にそれぞれ一礼します。

②座布団に座り、合掌します。用意してある線香を右手でつまみ上げ、ろうそくにかざします。火がついたら手元に寄せ、左手であおいで消します。

③焔《ほのお》の消えた線香を香鉢に差します。線香は、できるだけ香鉢の中央に入れます。

④座布団の上で正座しなおし、正面の遺影もしくは位牌を見つめた後、両手を合わせて目を閉じ、頭を少し垂れます。合掌をする時間は二〜三秒が目安です。

⑤合掌を終えたら、そのままの向きで座布団から下がります。再び僧侶に一礼し、向きを変えて喪主・遺族にあいさつをして退出します。

抹香の焼香（座礼）

①祭壇の前で座りなおし、遺族と喪主に一礼します。

②祭壇に進んで座布団に座り、祭壇に向かって一礼します。

③右手のひとさし指、中指、親指でお香をつまみ、目を閉じて軽く頭を下げ、額のあたりまで引き寄せます。

④目を開いて、お香を香炉の火種の上に持っていき、三本の指をすり合わせるようにしてお香を香炉にくべます。通常は一回で十分ですが、宗派によっては、二～三回繰り返す場合もあります。

⑤焼香が終わったら遺影か位牌を見つめて合掌します。合掌時間は三秒ほどを目安とします。

回し焼香

葬儀の都合によっては、香炉を順に回していく、回し焼香を行うことがあります。

①香が回ってきたら軽く一礼し、両手で香炉を正面に置きます。

②焼香のしかたは同じですが、香炉の位置が低いので、前かがみになりすぎないように注意します。

③祭壇に向かって二～三秒ほど合掌した後、香炉を両手で持って次の人に回します。

献花・玉串奉奠のしかた

献花について

キリスト教や無宗教では、焼香の代わりに献花を行います。本来キリスト教では、行われていなかったものですが、仏式の焼香の影響もあり、日本では一般化しつつあります。

また、仏式でも、社葬・団体葬などで献花を行うことが多くなっています。

献花の手順

①係より花を受け取ります。この際、花が右、茎が左にくるように受け、右手で花を、左手で茎をつまむように持ち、胸の位置でとめます。

②そのまま祭壇の前まで進み、静かに一礼します。花が手前にくるように右回りに回転させ、根元が霊前に向くようにして、献花台に静かに置きます。

③遺影を見つめ、頭を垂れて黙とうします。キリスト教式の葬儀では、胸の前で手を組みますが、無宗教の葬儀では手を下げたままでも結構です。また団体葬では合掌をしてもかまいません。

④軽く一礼してその場を離れた後、遺族と神父（牧師）に会釈して、席に戻ります。

玉串奉奠について

神式において、仏式の焼香にあたるのが玉串奉奠《たまぐしほうてん》です。神式での葬儀は一般的でないこともあり、式次第や玉串奉奠の手順は斎場で用意していることが多いようですが、手順については、ひととおり理解しておいたほうがよいでしょう。

神式の拝礼は、二礼二拍手一礼が基本となりますが、葬儀のときは「しのび手」といい、音を立てずに拍手を打ちます。

玉串奉奠の手順

①神官、係員から玉串を胸の位置で受け取ります。この際、葉先を左とし、根元を右とします。

②そのまま祭壇に進んで玉串案の前で止まり、根元を手前側になるように右回りに回し、葉先を持っていた左手を、根元に下ろします。

③右手を持ち替えて葉先をつかみ、葉先が手前にくるように右に回します。根元を祭壇に向け、左手で玉串案に静かに置きます。

④姿勢を正し、二度礼をし、二回音を立てずに拍手を打ちます（音を立てる直前で止めます）。再び深く一礼します。

⑤二〜三歩後ろに下がって軽く一礼をし、遺族と神官に会釈して席に戻ります。

●著者――――――藤村 英和［ふじむら ひでかず］

●イラスト――――浅羽 壮一郎
●デザイン――――松倉 浩
●DTP――――――株式会社明昌堂
●編集協力――――窪 和子
●取材協力――――大成祭典株式会社

※本書は、当社ロングセラー『葬儀・法要のあいさつ』（1998年10月発行）を
再編集し、書名・判型・価格等を変更したものです。

新版《しんぱん》　葬儀《そうぎ》・法要《ほうよう》のあいさつ
すぐに使《つか》える実例付《じつれいつ》き

●著　者――――藤村 英和
●発行者――――若松 和紀
●発行所――――株式会社西東社《せいとうしゃ》
〒113-0034 東京都文京区湯島 2-3-13
https://www.seitosha.co.jp/
電話　03-5800-3120（代）

ISBN978-4-7916-1955-9